元銀座No.1
ホステスが教える

# おじさん取扱説明書

鈴木セリーナ
Suzuki Serena

TETSUJINSYA

# はじめに

若い女性の皆さんは「おじさん」（50代以上の男性）と聞いて、どんなイメージを抱きますか？　「臭い」「汚い」、おまけに「いやらしい」――。ややステレオタイプなイメージながら、あなたの会社の上司や取引先の担当者にも似たような男性がいるかもしれません。

例えば、取引先の担当者からディナーに誘われたとしましょう。

「たまには付き合ってくれない？　今週末、ちょっと空けといてよ」

男性がどんな意図で誘ってきたかはわかりませんが、若い女性なら警戒心を抱いても不思議ではありません。飲みの場で体を求められたらどうしようと。

そこで若い女性は、次のような返答をしてしまいがちです。

「社内で仲の良い友達も連れて行って良いですか？」

実際、彼女らは女友達を連れていき、その場をなんとか切り抜けることばかり考えてしまいがちですが、でも、そこからは何も生まれませんよね。せっかく取引先の担当者と二人っきりで会う機会に恵まれたのに、もったいないと思いませんか？

私なら、この機会に担当者（おじさん）を自分の味方につける努力をします。

私は銀座の老舗クラブ「江川」でホステスとして働いていました。銀座デビュー当時は田舎から出て来たばかりの生意気な金髪ギャルでしたが、おじさんたちが常連客になってくれたおかげでお店のナンバーワンになり、色々と社会勉強も積ませてもらいました。

そんな私にとって、仕事がデキる「一流のおじさん」ほど心強い存在はありません。彼らは経験豊富で、財力もあり、コネクションもあります。彼らに気に入られると、普段目にしている世界が一気に広がるといっても過言ではないのです。

また、銀座のクラブを辞めて起業してからも、様々なおじさんたちと付き合ってきた私が痛感したのは、銀座に来るお客様も、世の中のおじさんたちも根本的には変わらないという事実でした。

つまり、ホステス時代のお客様との体験が、世の中のおじさんたちとの付き合い方の参考になることを知ったのです。

富士山

話を戻しましょう。

私はおじさんと会うときには基本的に一人で行きます。相手がどんな目的で誘ってきたかなんてことは気にせず、〝ノーガード〟でおじさんと対面するのです。

人は一対一でないと本音を話しません。第三者に知られずに済むからこそ初めて秘密をしゃべろうと思うのです。それはおじさんでも同じこと。二人きりの秘密の共有こそコミュニケーションの基本です。

そして、おじさんが二人きりの空間で愚痴を呟いたときこそ、おじさんを味方に付けるチャンスです。なぜなら愚痴はおじさんの本音であり、本音は警戒心のある相手には決して言わないからです。

おじさんの口から〝本音〟を聞けた時点で、おじさんを味方につける一つの突破口が開けたと思って良いでしょう。

考えてみてください。街を歩けば、まわりは50代、60代のおじさんだらけ。大企業で大きなプロジェクトの決裁権を持つのは、50代以上の部長クラスより上のおじさんたちです。彼らを毛嫌いするより、彼らの行動原理を知り、徐々に自分に取り込み、有意義な関係を築いたほうが人生は豊かになります。

この本は、あなたの周囲にいるおじさんの「取扱説明書」です。若い女性からすると一見、とっつきにくそうな彼らを上手に扱いながら、ビジネスで困った時に助けてもらい、プライベートでも便宜をはかってもらうためのノウハウが詰め込まれています。

おじさんをビジネスやプライベートで活かす第一歩は、仕事がデキる「一流おじさん」を見抜くこと。仕事もできず、人脈も人生経験もない人を味方にしても意味がないからです。

ならば、どのように「この人だ！」というおじさんを見つけるのか。一流おじさんを見つけたとして、どう味方につけ、どう関係を維持していくのか――。

若い女性の皆さんは（若い男性のビジネスマンも）、人生の荒波を乗り切るために、おじさん取扱説明書をぜひ参考にしてください。

元銀座No.1ホステスが教える
# おじさん取扱説明書

もくじ

STEP 2

# おじさんとのお付き合い

## STEP 3 おじさんの力を借りよう

## STEP 6 おじさん恋愛講座

# 仕事がデキるおじさんの見分け方

STEP 1

# デキる男性はいつでも一直線。猪突猛進タイプの上司を味方につけよう

皆さんの会社にも猪突猛進型の上司が一人や二人いるのではないでしょうか。自分が設定した目標に一直線に突き進み、周りの部下にも同じ方向を見るよう要求、目標を達成するまでの過程に様々な障害があっても自らの推進力で乗り越えていくタイプです。良くも悪くも、周りが見えていない（空気が読めていない）、とも言えるかもしれません。

でも、そんな男性こそ味方につけると強いのです。

## オリコン1位という目標に向かって

例えば、私の知り合いの大手流通会社常務のAさん（50代）という男性。ある日の早朝6時、彼は私の携帯に電話をかけてきて、テンションの高い声で次のように言うのです。

「鈴木さん！　今日さぁ、こんな企画を思いついたんだけどさ！」

当時から現在に至るまで、私は自分が経営する会社で、文房具の企画販売とキャスティング業

務を行っています。この頃は、私が推していた女性タレントを、彼女が所属する事務所と業務提携（彼女のマネジメントを弊社が代行）する形でキャスティングしていました。

Ａさんの会社は、彼女をＣＭに起用し、キャラクターグッズを販売、自社系列の店舗で彼女が所属するアーティストグループのライブも開催していました。そんな状況下、担当者のＡさんは、彼女を売り出すことに対して、並々ならぬ情熱を注いでくれたのです。

「僕ねぇ、今日早速、昼間◯◯さんに電話して、打ち合わせセッティングしておくから。鈴木さん、いつスケジュール空いているの？」

私との打ち合わせを確定のように話すＡさん。当時のＡさんは常々こんなことを話していました。

「君が売り出している子を僕は死ぬ気で売っていきたい。ＣＭで起用しているタレントが売れることが会社のイメージアップにもつながる。絶対にオリコンで１位を取らせてあげたいんだ。そうすることで企業もタレントも成長すべきなんだ」

つまり、彼にとっては、タレントを売ることは、彼女のためでもあると同時に、自分の利益でもあるわけです。さらに、彼の中にはそのための具体的なビジョン（オリコン１位）も描かれていたのです。

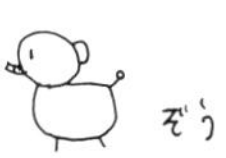

## Aさんのすごい特徴１　多くの人を動かす吸引力

Aさんのすごいところは、とにかくまわりの人を巻き込んでいくことでした。

例えば、前述の女性タレントが所属するアーティストグループがライブを催したときのこと。Aさんが提案してくれたライブ会場はタレント本人の当時の人気に比べてキャパが広すぎたため、「今の彼女達では、会場がガラガラになる可能性があるので、もっと小さな会場の方が良い」と所属事務所が提案しました。事務所としては、ガラガラになったときのリスク（彼女たちが自信をなくす、など）を考慮してのことだったのです。

ところがAさんは、「何を言ってるんだ！　グループ結成○周年の大事なライブだぞ！　身の丈よりも大きな場所でライブをやって、本人たちに場数を踏ませて自信をつけさせるべきだ。そうでなきゃ、いざ大きな会場でライブをやる事になった時におじけづいてしまう。これまで応援してくださったファンの方にも、これだけの人数を動員できるようになったんだと喜んでもらうべきだ。席が埋まらなければ埋めるべきだ。その責任は僕が取るから、あの会場を予約してくれ」と激怒。最終的に自分の考えを押しきり、大きい会場を予約させたのです。まさに我が道を行くですが、さらに驚くべきはここから。その後、Aさんは会社と取引のある社員一人、一人に「ねぇ、○月○日、空いてる？　家族でライブ行かない？」と誘い、ライブを埋めるために猛烈に動き始めたのです。

結局、ライブは、大成功を収めます。Aさんが個人的に何人動員したかは不明ながら、リスクを考えて渋る所属事務所を動かし、会場を客で埋め尽くすことができたのは、彼の吸引力によって、多くの人たちが動かされた結果なのは間違いありません。

## Aさんの特徴2 ビジネスパートナーに同じ温度感を求める

デキる男性は、何かを成し遂げるために相手にも同じ〝温度感〟を求めます。要は、自分と同じ熱量で仕事にのぞんでほしいわけです。そんな彼らは相手と温度差を感じると、烈火の如く怒ります。「俺の気持ちをなんで分かってくれないんだ！　このプロジェクトを成功させたくないのか！」と。相手と距離を感じると異常なほどの寂しさを感じるのが彼らの特徴です。

前述のケースでは、Aさんが同じ温度感でやってくれないと感じたのは、所属事務所に対してです。自分が見据えた未来（＝タレントと企業の成長）に対して、所属事務所は、企業としてのリスク（＝会場が埋まらなかった時のタレントの気持ち）を危惧していました。この温度差に、「できないことはできるようにすれば良い」と考えているAさんはショックを覚え、激怒したのです。

## Aさんの特徴3　一つの目標を達成しても歓喜には浸らない

Aさんは、一つの目標を達成しても歓喜に浸ることはありません。前記したように、ライブを成功させた際も、最終的な目標はオリコン1位だと、もっと先を見据えていました。出世する男性は、必ず物事に対して一直線。手の届く目標に一喜一憂せず「まだ足りない。これは通過点だ」と、いつでも先のことを考えます。

そんなAさんのような男性は、船長に喩《たと》えられるでしょう。船長がどんなに荒々しい操舵《そうだ》をしても、遠くの景色を見ていれば、決して船酔いすることはありません。船酔いするのは、近くの風景ばかりを見ているからなのです。途方もないような目標を掲げようと、結果的にはその方がうまくいくケースが多いのは船酔いをしないためです。

まずは皆さんも社内で一番「めんどくさい人（＝猪突猛進型のおじさん）」を探してみてください。そして、あえてその船長の船に乗り込む覚悟で接してみることです。彼らを味方につけると心強いのはもちろん、喜怒哀楽の激しい男性を観察する余裕ができれば、きっと仕事も楽しくなるはずです。

# 仕事がデキるおじさんは孤独だ

年齢が上がれば社会的地位も高くなる傾向にあります。社会的地位が上がれば、叱ってくれる人もいなくなります。自分の立場が重くのしかかり、一言の言葉の重みは年々増し、部下には愚痴をこぼせない。50代ともなれば、同僚もある程度の役職についているため、容易に相談を持ちかけることもできません。場合によっては、同僚に相談したという事実が知れたら、社内で妙な憶測を生むからです。

一方で家族は癒やしの存在ではありません。子供が小さいときは出世戦争の真っ盛り。子育てなんてしている暇はなかったはず。出世戦争を勝ち抜き、ようやく家庭に向き合い始めても、もう妻と子供は夫・父のいない生活に慣れてしまい、「今さら……?」とそっぽを向いています。それでも自分が責任を持ってご飯を食べさせないといけないのが男性の辛いところ。仕事の悩みなんて、当然奥様には話す気にはなれません——。

そう考えると、仕事がデキるおじさんは本当に孤独なんです。

## おじさんが夜のお店に足を運ぶのは

本題に入る前に、なぜ彼らが出張先などで夜のお店に足を運ぶのかを考えてみましょう。ずばりそれは、利害関係のない女性たちの前では本当の自分でいたいからです。年齢を重ね、社会的地位や年収が高くなっても、本人は何も変わらない少年のままのつもりですから、その自分を受け入れてくれる人間を求めるのです。

女性は、小さい頃から「ちゃお」「なかよし」などの少女漫画を読み、恋愛、おしゃれと、社会に通じる媒体に触れ、それに憧れ、その中の主人公のように恋愛をして「女性」になっていくのに対し、男性は小さい頃から「コロコロコミック」「少年ジャンプ」に出てくる冒険やヒーローに憧れて育つため、歳を重ね、社会的地位があがってもいつまでも少年のままでいられます。

水商売の女性は、奥様や彼女と違って、お客さまに良い気分でいてもらうのが仕事ですから、彼らをありのままの状態で受け入れます。彼らとしても、利害関係のないクラブホステスの前では少年のままでいられるので、わざわざ高いお金と貴重な時間を使ってでも夜のお店に行きたくなるのです。

## 男性の愚痴を聞くときのポイント

私が親しくさせていただいている自動車メーカー経営者は、深夜になると私に電話をかけてきてボソッと愚痴をこぼします。

「今日さぁ、社員を怒っちゃったんだよね。つい怒鳴ってしまったんだ。そんなリーダーでいいと思う？」

そのたびに私は彼の言葉に耳を傾け、「そういう日もあるよ。あなただって人だもの。感情があるからこそ、顧客満足度の高い仕事ができているんじゃないかな」と言動を肯定します。年配の男性からの愚痴を聞くときのポイントは「デキる人ほど孤独である」ということを念頭に置くということが大事です。

一見たくさんの部下に囲まれ、日々マスコミに取り上げられている大手企業の社長ですら一歩会社を離れると一人の男性です。普段は堂々としても、心の中は子供と同じで、誰かに話を聞いてもらいたいと思っているのです。

そして、孤独な彼らは「自分が正当に評価されているのか」ということを常に気にしています。逆に言えば、彼らを社長、取締役、などの役職フィルターをかけて評価する人たちと違って、彼らの本当の姿を見てあげれば安心をえられることになります。

## おじさんは孤独を癒してくれる女性を求めている

ここで、〝おじさんの孤独〟に関して、改めて考えてみましょう。

まず仕事がデキる男性は基本、どん欲です。例えば仕事で一つの目標を設定し、達成したとすると、その瞬間は喜びに包まれるのですが、あくまで通過点に過ぎず、また新たな目標が出てくることになるからです。しかしそれは同時に、どこまで行っても満足感が得られない寂しさを生みます。

皆さんも想像してみてください。自分がどんなに美味しいものを食べても、お腹が満腹にならないとしたらどうでしょうか。食べること自体が苦痛となり、やがてそんな自分に対して死にたいほどの寂しさを抱くのではないでしょうか。まさにそれは餓鬼の孤独。仕事で満足感を得られない彼らはこれと似たような孤独を抱えているのです。

加えて、彼らの周囲には同じ温度感で仕事をしてくれる人間もいません。自分は休みすら取らず、人生の全てを捧げて仕事に没頭しているのに、周りは家族と休日を過ごし、仕事はあくまで仕事と割り切っているのだからたまりません。では、そんな状況をどうやり過ごせばいいのか、彼らの多くが取る方法は、気心の知れた女性に電話をかけ、自分の寂しさを吐き出し、精神の均衡を保つことなのです。

深夜の電話は男性のＳＯＳ。もしかしたら今夜、突然、あなたの携帯にも、孤独を感じた男性が電話をかけてくるかもしれません。そんな時は、へんに構えたりせずに、彼らの話を聞きながら、孤独を解消してあげられるように心がけましょう。それがあなたとおじさんをつなぐ第一歩になるのかもしれないのだから。

## 仕事がデキる男性の「リサーチ力」と「演出力」

組織の中で生き残る男性たちは、皆一様にして「しつこい」という特徴があります。欲しいものは手に入るまでアプローチする。ミッションを完遂するまで、がむしゃらに働く。彼らがここまで一直線になれるのは、自分の目標を達成するまでのプロセスを先の先までシミュレーション出来ているからです。

それは仕事の面だけではありません。デキる男性は、プライベートでもシミュレーションを欠かしません。例えば、自分が口説きたい、いっしょに楽しみたいと考えている女性とデートをする前には、しっかりと〝予習〟が出来ているのです。

## 何気ない会話から相手のニーズを上手に引き出す

駐日特命全権大使のBさんは、私との会話の中で好きな食べ物など趣味趣向についてさり気なくリサーチしてきます。その時は気付かないのですが、後になって色々と聞かれていたことがわかるのです。

実際、食事をすることになれば「セリーナが好きな赤身の肉がオススメのお店を用意したよ」と誘ってきます。事前に私の好みをリサーチした上で、赤身のお肉を食べさせてくれるお店の中でも最上級のレストランを探してくれるのです。

素敵なレストランの個室で食事が済むと、これまた事前にリサーチされた素敵なプレゼントを受け取り、お店を出たら「角を曲がったところに素敵なカフェがあるからお茶をしよう。その店には、ケープタウンから直輸入した上質なルイボスティーがあるんだ。この前、セリーナがお茶を飲むのが好きだって話していただろう」とエスコートしてくれます。Bさんは私との会話で得たヒントを全部覚え、なおかつそのことについて勉強しているのです。

まとめると、仕事がデキる男性は、すべからく記憶力が良い。加え、露骨に聞き出すのではなく、何気ない会話を糸口にして演出ができるのです。こういうタイプの男性はビジネスにおいても、取引先の担当者との何気ない会話から相手方のニーズを上手に引き出しているものです。

## デートでわかる〝デキる男〟

では、なぜ彼らはプライベートの場であっても〝予習〟を欠かさないのか。その理由は「どうすれば二人の時間を効果的に楽しむことができるのか」を一番に考えているからです。若いカップルならば駅前で待ち合わせをして、フラフラと歩いて適当な居酒屋に入るというのも楽しいかもしれません。でも、ある程度の年齢になれば、おのずと〝演出力〟が試されます。

これは仕事でも同じことが言えます。デキる男性は、ビジネスシーンでも演出を欠かしません。商談成立前から「このプロジェクトを一緒にやれたらお客さんの喜ぶ顔を見られるだろうな」と、常に〝その先〟を想定して商談などに望みます。そう考えると、デキる男性は「プライベートでも自然と演出ができている」とも言えるのです。さらに突き詰めれば、女性が男性からデートに誘われた場合、相手の演出によって、その人が有能な人間であるかを見極められることになります。

その意味でも、彼らのリサーチ力と演出力に注目してみましょう。

# オヤジギャグは高度な言葉遊び

おじさんの得意技と言えば、オヤジギャグですよね。会社でお茶を淹れながら「急須が壊れて万事休す」。居酒屋でお皿を手渡しつつ「デザートの羊羹。よう噛んで食べてね」。こんなオヤジギャグに直面したとき、皆さんはどう反応するでしょうか。

「出たよ。オヤジギャグ。うざっ！」と内心で突っ込み、聞かなかったフリ。中には「あはっ」と愛想笑いをするだけでその場をやりすごそうとする女性もいるのではないでしょうか。人間、つまらないものを面白いとはなかなか言いづらいものです。

でも、オヤジギャグを「つまらないもの」で終わらせるのはもったいない。私はオヤジギャグを高度な言葉遊びであると思っています。

## 若者はオヤジギャグを言わないのではなく、思いつかない

オヤジギャグが口をついて出てくるのは、ボキャブラリーが豊富であるという前提があるから

です。たくさんの語彙がある中で、瞬時に類似した発音を脳内で検索できる男性は、脳機能が発達しているのです。脳科学的には「ブローカ野《や》」という部分がフル回転した末に、オヤジギャグが量産される仕組みになっていると言われています。

一方で、若者はオヤジギャグを言わないのではなく、思いつかないのです。なぜなら、年配の男性に比べて若者はボキャブラリーが圧倒的に少ないからです。実際、取引先の男性を交えて20代の子たちと会食をすると、彼らは年配の男性たちが発するギャグに反応することはごく稀で、悲しいかな、それがギャグであることにすら気付いていない場合がほとんど。これでは浮かばれません。

年配の男性の立場からすれば、オヤジギャグは「場を和ませたい」「みんなを楽しませたい」という気持ちから来るものなのです。繰り返しますが、オヤジギャグはボキャブラリーが豊富な人だけが楽しめる言葉遊び。社会生活を円満にするための潤滑油とも言えるでしょう。少なくとも本書の読者はオヤジギャグに反応するべきです。

## ダジャレを聞いたらラップと思え

それでは、オヤジギャグを耳にしたとき、どのような反応をするべきでしょうか。まず男性がオヤジギャグを言ったときの行動パターンは2種類あります。仮に、男性が「この店のミョウガは妙に美味しいな。ミョウガだけに」と言ったとします。Aさんはそれを自分で言って爆笑するタイプ。そして、Bさんはそのフレーズをボソッと言って「早く拾ってよ」という顔で周囲をうかがっているタイプです。この両者に対して、女性たちはそれぞれどう反応するのが良いでしょうか。

正解は、Aさんに対してもBさんに対しても「面白い！ ギャハハハッ」と笑い飛ばすことです。単純に、喜ばれてうれしくない人はいませんからね。さらに、自分のボキャブラリーの中から何か言葉を付け加えられたらパーフェクト。たとえば、「それは絶妙なオヤジギャグですね。ミョウガだけに」などといった具体です。

よくよく考えると、オヤジギャグは韻を踏んでいるのだからラップと同じですよね。オヤジギャグが苦手な若い女性は「ダジャレを聞いたらラップ」と思うようにしましょう。加え、「ブローカ野」が紡ぎ出した貴重なフレーズを聞けたことに感謝すると同時に、ウケないリスクを背負いながらオヤジギャグを入れ込んでくる男性たちの勇気には拍手を与えるべきです。

## おじさんは「教えたがり」

仕事がデキるおじさんは、「教えたがり」が多いです。あなたの近くにもきっと、企画書の書き方からプレゼンの仕方まで、一から十まで教えようとする上司がいることでしょう。時には、企画書の手直しまでしてくれる上司に対して「なんでこんなこと無償でやるのかな」と疑問に思うこともあるかもしれません。

しかし、それは仕事がデキる男性の自然な行動なのです。50歳を過ぎ、ある程度の人生経験と実績を積むと、「若い世代を育てたい」という願望が生まれるようです。なぜなら、部下が育たなければ、自分の仕事もスムーズに行かないからです。

### おじさんに警戒心を持たなくても良い

ここで注意してほしいのは、おじさんに警戒心を持たないことです。

確かに、おじさんが若い女性に対して必要以上に良くするのは不自然な行為ですよね。仕事の指導を通じて、あなたと仲良くしたいとの思いも透けてみえますし、中には「見返りを求められるのではないか」と身構えてしまう女性がいるかもしれません。

でも、さほど心配はいりません。彼らにとって若い世代を育てたいというのは、自分の仕事にも繋がる自然な行為であるのは、先にも記した通りです。あなたは好意に身を委ね、お礼の言葉とあなたの成長でお返しすることを忘れなければ良いのです。

## 銀座のお店のテーブルで大検受験の勉強を教えてくれたおじさんたち

銀座ホステス時代にはこんなことがありました。当時、20歳そこそこだった私はお客様からすれば、九州から上京してきたばかりの田舎のヤンキーギャル。小中学校とも試験を受けて入る学校へ行き、ピアノや声楽を習った田舎のお嬢様だった私ですが、高校生になる頃、自由への憧れや反抗心から高校をやめてしまい、最終学歴は中卒のまま銀座で働いていたのです。

そんなある日、中卒で学のない私を心配したお客様（製薬会社の役員）が「学も何もなく東京で生き抜くのは難しい。せめて大検（註1）を受けて、いつでも好きなときに大学に行けるようになっておいたら?」と提案してくれました。単純な私は「確かにそうかも」と納得。その一言で、私は大検をとり、大学入学を目指すことにしました。

それから私は自宅で勉強に励むと同時に、大量の参考書を持ってお店に通いました。というのも、大検取得を提案してくださったそのお客さまが、勉強を教えてくださることになっていたからです。銀座の座って10万円のお店に来てまで、ホステスに勉強を教えてくださるのですから、仕事がデキる男性は心の余裕が違います。私はお店のテーブルで参考書を広げ、物理と化学を一から教えてもらいました。

思わぬことが起きたのはその後です。大検合格を目指していることを聞きつけた他のお客様が、それなら俺も教えるよと、数学を教えてくれるようになったのです。この方は、練習問題が解けるようになると、心底嬉しそうにしていました。「成長したな。大学だって受かるぞ」と言われ、また翌週も私の成長を確認するためにお店にやってくるのです。お店の中は、私にとっては受験予備校でした。

こうして、着物姿で席をまわり、各テーブルでお客様に勉強を教えてもらった結果、私は大検に一発合格することができました（でも、結局、大学なんて50代になっても行くことはできるし、「今やりたいことをしようと」と考えを改めて、起業するに至ったわけですけど）。その後、勉強を教えてくれたお客様に大検合格を報告したら心から喜んでくれました。彼らとは同じプロジェクトを共にした仲間意識のようなものが生まれ、今でも付き合いがあります。

デキる男性は「教えたがり」。身をもってそのことを知った出来事でした。

註1　高校卒業と同等の資格が得られる試験。当時は大学入学資格検定（通称・大検）という名称だったが、現在は、高卒認定試験に変わっている

# 数年以内に消える男の特徴

〝成功者〟という言葉は薄っぺらいのであまり使いたくはないけれど、世の中には2種類のお金持ちがいると思うんです。一つはしっかりした仕事でお金を稼ぎ、それを10年、20年とコンスタントに続けている継続タイプ。もう一つは、地に足が付いていない仕事や不労所得で急にたくさんのお金が入ってきたという、いわゆる成金タイプです。

前者の継続タイプの方々の日常は驚くほど地味なことが多いです。一見すると町内会のお父さんで、派手な遊びをすることもあまりありません。知らない人からすれば、そんな方が日々、大きなお金を動かしているなんて夢にも思わないでしょう。

もう一方の成金タイプは生活も派手です。私は取引先の方に六本木や新宿の夜のお店にたまに連れて行ってもらうのですが、ＶＩＰ席にはギラギラした雰囲気の男性たちが女の子を横に座らせています。腕には高級時計、仕立ての良いスーツを着て、高級シャンパンを水のように飲んでいる。「この人たち、何の仕事をしているんだろう」という疑問が沸々と湧いてきます。

くま 

## 成金タイプの多くは半年も保たない

銀座ホステス時代にも、成金タイプのお客様がときどきいました。そういう人の〝金回り〟は3年続けば良いほうで、多くは半年も保ちません。ある日、パタッと店に来なくなり、連絡も取れなくなります。「あのお客さん、最近見ないわね」とホステス同士で心配していると、後日逮捕されていたり会社が倒産していることが発覚するのです。これは〝銀座あるある〟ですね。

では、成金タイプにはどんな人たちが多いのか。ホステスとお客様の関係ゆえ、わからない部分もありますが、私がホステスをしていた10年代頃に多かったのは、当時、廃れつつあった違法な金貸し業、いわゆる闇金ですね。あのころは銀座や六本木でも闇金業者の生き残りが飲んでいました。

その後、闇金の衰退がますます進むと、出会い系サイトの運営会社が増えると同時に、振り込め詐欺をやっているような人も現れました。先に記したように、彼らは瞬間風速的にお金を持っていますが、決して長続きはしません。我々ホステスとしても、お付き合いしたくない人種でしたね。

## 話にリアリティがない〝3年以内にいなくなる人たち〟

私はホステスの経験を通じて、偽物と本物の成功者を見抜く訓練をしてきました。それはホステスにとって大切な資質でしょうけど、皆さんにとっても大変重要なことです。なぜなら、SNSなどのツールが発達した現在は、誰でもいわゆる成功者の男性と知り合う可能性があるからです。俺は金持ちなんだよと甘い言葉で近づいてきた男性が実は、偽物であるということも珍しくありません。

実際、3年以内に消える男性を味方に付けても、あまり意味がありません。相手の会社が怪しい仕事だったりしたら、あなたの味方になってくれるどころか、その方との付き合いによって評判を落とすことにもなりかねません。苦労して相手と仲良くなった時間のことも考えると、むしろマイナスであると言えます。

さて、彼ら偽物の特徴は、言葉にリアリティがないこと。「言葉に魂がない」と置き換えることもできます。例えば、プライベートで知り合った自称・経営者の男性に、業務内容やシステムを尋ねるとします。本物のお金持ちは「なぜその仕事がお金を生むのか」が明白であり、すぐにどんな仕事なのか想像ができます。でも、3年以内にいなくなる人たちは、いくら聞いても話が漠然としていてイメージが湧きません。

「うちがコンサルでそこに関わって、50億円の投資が～」

と、数字ばかりが上滑りしている印象なのです。具体性はないけれど、彼らはお金と数字と難しい専門用語の話が大好きなのです。

一方の本物の男性は「1億の経常利益を出すには、どのくらいの売上がないとダメだから、その打開策（＝自分たちの数字ばかり気にするものではなく、彼らが顧客としているターゲットに喜んでもらえることが特徴）がこれなんだ」と、一歩一歩階段を登るような説明ができるものです。成金的な発想しかできない人は、お金儲けを短期間でやろうとするため、その後に歪みができてしまうのです。

先に記したのはあくまでも1例です。ＩＴ関係者などの中には、起業して1年、2年のうちに莫大なお金を得る方もいますし、プライベートが派手な経営者の中にも実はしっかりとした考えの持ち主もいます。大事なのは、外からみた印象にまどわされることなく、あなた自身の目で「信頼できる男性」を見極めることです。

本物を見抜く目を養うためには、とにもかくにも色々な男性と会ってみることです。信頼できると思っていた男性が単なる成金だったり。成金だと思っていた方が素晴らしい才能の持ち主だったりと、時には見立てに失敗することもあるでしょうが、それこそがあなたにとっての財産になります。失敗を恐れずに、おじさまをはじめとした男性たちの懐に飛び込んでいきましょう。

# 仕事がデキる男性は「アポイントが早い」

優秀なビジネスマンは仕事が早い。これは当たり前の話なのですが、数ある仕事のうち、特に早いのがアポイントという作業です。相手側から「お会いしたい」と言われたらすぐにその日取りが決まるのはもちろん、自分が会いたい場合にもいつ、どこで会うのか、すばやく相手側と予定を決める方が多いのです。

企業人でも経営者でも、50代を越えてある程度の地位にいる男性には、膨大な仕事量がありま す。昼間は来客の対応と会議に忙殺され、2ヵ月先、3ヵ月先の会食の予定までギッシリ詰まっていたりするものです。でも、そういう男性に限って、不思議なことにアポイントを取りやすいのは、いったい、どういうことでしょうか。

## その場で「いつにしようか」と、きっちり日時を確定する

私がある大手ゲーム会社の社長とアポイントを取ろうとしたとき。多忙な社長に対し「ビジネ

スの相談をしたい」と伝えると「わかった。いつにする？　今度とか言ってると、すぐに予定が埋まっちゃうからさ。今すぐ予定を決めよう」という答えが返ってきました。アポが成立するまでわずか10秒の出来事です。

ビジネスの現場では「近々打ち合わせしましょう」「お互い時間を合わせて会いましょう」という言葉が溢れているように思います。これはさしあたって会う用事はないけれど、何かあったら会いましょうね、という緩い表現。言ってみれば、会うつもりもないのに会うと言っておく、日本的な社交辞令でしょう。

しかし、デキる男性はこの手の社交辞令は言いません。会うためには多忙なスケジュールを調整せねばならず、社交辞令など言っても実現できないことを本能的に知っているからです。そのかわり、会うとなれば、その場で「いつにしようか」と、きっちり日時を確定する。彼らがアポが取りやすい背景には、このような事情があると私は考えます。

## リスケしても会うなら、すぐ代案を決めた方がいい

似たような話で、アポイントを取った日、こちらか先方に別件の用事が入ってしまったとします。当然、リスケしなければならないのですが、そんなときでも「申し訳ないけどリスケしてくれ。また落ち着いたら」とは言わないでしょう。「リスケしてくれ。ついては、来月１日にどう

だろう」と、必ず〝代案〟を出してくるものです。

これもやはり、リスケしても会うのだから、すぐに代案を決めた方が良いという合理的な考えによるものでしょう。逆に仕事ができない人ほど〝代案〟を出さず、おまけに案件そのものを放置してしまったりするものです。それによって、相手の信頼を失うばかりか、仕事自体にも大きな影響が出るケースもあるのだから、約束を守ることがいかに大事かわかりますよね。

ちなみに仕事がデキる男性が素早くアポイントを入れるのは、自分にとって有益だと判断した人間に限ります。多忙なスケジュールを縫って時間を取るだけの価値がある人間だからこそ、会いたいと考えるのです。反対に自分にとって何ら有益でない＝会いたくもない人間とは、どれだけ連絡を取っても会えることはないので、誤解なさらぬように。

## 答えを出さずに待たせることは、相手の立場を危うくする

さらに言えば、仕事がデキる男性は、必ず物事の期限を決めます。例えば、プロジェクトの成否について「○月○日○時までに」というふうに、区切りを決めるのです。それはなぜかというと、期限を切ることで自分自身にプレッシャーをかけ、物事をスピーディに進める仕事上の知恵でもあると思うのです。

加えて、いつまでも答えや期限を決めずに相手を待たせることは、相手の立場を危うくするこ

とを知っているのです。仮にあるプロジェクトに参加している企業が、期限をいつまでも決められない宙ぶらりんの状態だったら、お金や信用を含めた様々な損害が出ることにもなりかねません。つまり、仕事がデキる男性は、自分のことだけでなく、相手の立場も考えられる人だからこそ出世するのです。

## 会社員であれ経営者であれ、「どん底」を知る人は強い

仕事がデキるおじさんは、どん底を知っています。会社員であれば、権力闘争に破れて窓際族に追いやられそうになった時、自らの力で出世街道に戻った経験。経営者であれば、起業当初の苦労や業績が悪化した際、銀行の融資も断られ、四面楚歌になった経験。もちろん、こんないかにもな例ばかりではありませんが、50代以上の輝いている男性ならきっと似たような経験を持っているはずです。

彼らのどん底から返り咲いた体験は、その人の大きな財産になっています。一番苦しい時を知っているからこそ、少々のトラブルが起きても、腹をくくって、前を向いていることができるのです。逆に、順風満帆で突っ走ってきた人など、いつも見えない何かに怯えて、ピンチのときに

対応できず、あたふたするのではないでしょうか。

## 会社が傾いていく恐怖は並大抵ではない

東京の起業家に関しては、一つ言えることがあります。私は東京・銀座でホステスをし、同じく東京で起業したのでよくわかるのですが、「東京にいれば、一度は富を築くチャンスがある」ということです。東京という街はやはり日本の中心で、他の場所と違う魅力を持っているからです。

東京は、様々なビジネスが成り立つ可能性を秘めています。ありとあらゆるモノ、ありとあらゆる人が集中するぶん、起業には向いているのです。それは誰でも平等に与えられたチャンス。ただし、そのチャンスをつかむことができるのは、ごくわずかな特権的な人間だと言っても過言ではありません。

一度成功を収めたとしても、二度、三度とビジネスを当て、倍々ゲームで会社を大きくするのは想像以上に難しいことです。小さな会社のまま終わってしまう人もいれば、その小さな会社も手放してしまう人がほとんどです。会社を大きくできるのは、本人の運や才能はもちろん、それを信じてついて来た社員たちの努力にあります。

そして一度浮上すれば、当然落ちるときもあります。運も実力も求心力もある人でさえ、会社が傾く危機にさらされる可能性は常にあるのだから、その恐怖は並大抵ではありません。自分の何が間違っているのかわからず、歯車が嚙み合わないまま落ちていくあの独特の感覚。社員たちを路頭に迷わすことはできないという強烈なプレッシャーもかかります。デキる男性には、それらを乗り越えてきた〝強さ〟があります。

## ライバルの謀略の末に役員を下ろされた大手広告代理店の幹部

私が働いていた銀座のクラブ「江川」では、どん底を体験した方の出入りも多かったように思います。彼らはいつも悠然と席に座り、会話にも幅があり、お金の使い方がスマートで焦りを感じさせません。

例えば、あるお客様の経営する会社が債務超過に陥り、民事再生法が適用されたことがあります。普通ならショックで立ち直れないかもしれませんが、その方は一度の躓《つまず》きを経験しても決して諦めませんでした。数年後、新たな会社を設立し、再起を果たしたのです。

彼はいまだに「一度落ちるところまで落ちる経験をすると、浮上した後にまた落ちるんじゃないかって怖くなる」ということを口にします。「会社を潰すのだってお金がかなりかかります」と。でも、それを乗り越えてきた男性は強い。今の会社の経営状態が良いことにあぐらをかかず、常に新しい試みへの挑戦を行うことができるからです。

大企業の幹部だって同じです。私の「係《かかり》」（指名客のこと。137ページ参照）だった大手広

告代理店の役員は、ライバルの謀略の末に一度役員を降ろされました。その後、彼はあらゆる手段で巻き返しを図り、結局、取締役会の全会一致で役員に戻るという結果をもぎとりました。彼もまた保身のために今のポジションにしがみつく気などさらさらなく、失敗してでもいいから新しい仕事をしようと挑戦し続けています。

どん底から返り咲いた男性ほど強いものはありません。もしあなたの周りに似たタイプの男性がいたら、ぜひお近づきになってください。たとえ自分の味方につけることができなかったとしても、彼らの人生経験を話してもらうだけでも、あなたにとって学ぶことが多いのは間違いありません。

## おじさん流・メールと電話の上手な使い分け

皆さんは、どんな連絡手段を好んで使いますか？　今はメール（ＬＩＮＥ含む）やチャットなどで簡単にコミュニケーションがとれる時代です。電話はあまり使わず、メールなどによって24時間、好きなときに相手に連絡する人が多いでしょうが、おじさんたちの連絡方法はやや違います。

90年代始め――つまり、今の50代の方々が20代前半だった頃は、公衆電話とポケベルが主でした。さらに時は流れ、PHS、携帯電話、スマートフォンというようにテクノロジーは進化。まさに彼らはテクノロジーの進化とともに過ごしてきた世代です。そのせいか、メールが当たり前の時代になっても、電話も普通に使い続けています。

しかし、単なるアナログ人間だと侮《あなど》ってはいけません。実はこの世代の仕事がデキる男性は目的による連絡手段のチョイスが非常に上手なのです。

## お礼を言う時は電話の方が気持ちが伝わる

例えば、相手が取引先の担当者の場合、日常の業務連絡はメールで済ませます。先方からすると、どうしても電話でないと伝わらない事柄でもないかぎり、日常的な業務の延長線上でいちいち電話をかけてこられたらうっとうしいだけ。やはり、いつでも好きな時間に開けるメールを利用するのがベターです。これは若者もおじさんも変わりません。

その一方で、前日に会食などをした場合のお礼は電話を使います。「昨日はありがとうございました。一言お礼を言いたくて」と、直接、お礼を言うのです。相手におごってもらっても、自分が支払っても、それは変わりません。なぜならお礼を言う時は電話の方が気持ちが伝わる、と彼らは考えているからです。

さらに言うと、彼らは連絡を受ける側の立場も考えています。そもそもビジネスマンは一日のうちに電話対応ができる時間など、ごくごく限られています。業務時間内は会議や面談などが入り、昼12時にはランチ、18時を過ぎれば会食や部下との飲み会などが入るかもしれません。電話をかけた時に「すぐ出られない」ことも多い。

そこで仕事がデキる男性は、相手の携帯に電話をかける場合は、留守電に切り変わることを想定して、吹き込む内容を考えた上で電話をしています。そして彼らは、相手が出ない可能性が高いと知りながら、メールではなく、直接、携帯にかける意味は「相手に対して強く印象を残したい」ということなのです。

彼らは「ここぞ」という時は必ず電話をかけます（もちろん一番は会うことです）。しかも、留守電に吹き込む内容は（相手が電話に出た場合も）、「どうしてもお礼を言いたかったものですから」というスタンスです。どんなに忙しい電話の受け手でも、こんな連絡をもらったら、印象が良くなるのは当然でしょう。

## 相手の感じ方は連絡手段の使い方によって全然違う

先の話の裏返しですが、おじさんの連絡方法の良さを強調する意味でも、あえて若者が反対のやり方をしたらどうなるかを想像してみましょう。

例えば、ある若手の社員が、取引先の目上の男性と連絡を取ることになったとします。相手が忙しい方だとわかっているのに、簡単な業務内容のスケジュールの確認でいちいち電話を入れられたら「俺はそんなに暇じゃねえんだ。いちいち俺の時間を拘束するなよ」と叱られてしまいますよね。

また、せっかく目上の方から会食に誘ってもらったのに、そのお礼をメールで簡単に済ませてしまったら、「なんて失礼な若者なんだ」と思われてしまいかねません。スマホ全盛の若者同士ならそれでも構わないかもしれませんが、相手が電話で育った50代以上のおじさんであることを考えると、これは致命的なミスです。

このように、連絡手段の使い方によって相手の感じ方は全然違うからこそ、仕事がデキるおじさんは、伝えたい内容によって連絡手段を使い分けているのです。見方を変えると、年配の男性に「この女、なかなか見所があるな」と思わせたいときは、同じような思考回路でメールと電話を使い分けるべきなのです。

ちなみに、私がオススメするのは、電話とメールの使い分けに加えて、手紙という〝旧時代的〟なツールです。それについては後述することにしましょう（１０２ページ参照）。

## 私が男性に対して〝博愛主義〟な理由

私は基本的に〝博愛主義〟です。ホステス時代から今でも、様々な男性とお食事をさせていただきますが、その誘いを断ることは基本的にしません。もちろん、優先順位はあります。

### 休日に食事に誘われても喜んで行く

ホステスをしていた頃の話をしましょう。

休みの日はホステスにとって貴重な時間です。同伴からアフターまで、普段はプライベートな時間を削ってお客様とお付き合いしていますが、この日だけは「お客様から開放されて自由に過ごそう」というホステスが大半です。オンとオフの時間があるからこそ、仕事も頑張れるのは当然のことでしょう。

でも、私は休日にお客様から食事に誘われても喜んで行っていました。理由は二つで、一つは当時も今も、私自身が人への興味のかたまりだからです。プライベートでお会いすれば、お客様はまた違った表情を見せます。違ったお話が聞ければ、また一つ自分の知識になります。毎回、新しい発見があることが楽しくて仕方ないのです。

もう一つは、お客様への感謝です。厳しい実家から逃げ出すように夜の街に飛び込んだ私を、一人前の女性にしてやろうという思いから、一流の場所に出入りさせてくれるお客様方に、入店当日から感謝していたことは、すでに述べました。私を成長させてくれた（くれている）お客様の誘いなのですから、断ることなど考えられません。

## 若い世代も10年、15年後には出世しているかもしれない

さらに、長い目で物事も考えていました。私は窓のない空間に毎日通うこと＝ホステスとしての自分に飽きてきた頃から、起業をしようと考えていたので、どのような仕事をするにせよ、それらの出会いは宝だと思って日々接していたのです。

例えば、銀座のメインのお客様は企業の重鎮の方ですが、休日に食事のお誘いをいただく方の中には、その重鎮の方が連れてきてくれた若い世代の方もいらっしゃいました。銀座の高級クラブにお供するくらいですから、彼らは重鎮の方の〝引き〟により、おのずと出世コースに乗っていると考えられます。

私は、そのような方に対しては先行投資の意味も込め、時間を優先的に作っていました。10年

後、15年後にその方たちが出世した時、私が起業していたとしたら、どこかで繋がりができるかもしれないと考えたからです。実際、当時部長クラスだった方の中には現在、取締役に昇進された方も多くおられます。

## 目先の売上とノルマに囚われ、長期的な視点を失うホステスたち

お店では、若い男性には目をくれず、重鎮の方ばかりを褒めちぎるホステスがたくさんいたのも事実です。彼女たちは、目先の売上やノルマに囚われて、5年先、10年先のことを考えていなかったのでしょう。

銀座のホステスは「同伴ノルマ」や「売上ノルマ」など、様々なノルマが課せられます。もちろん店とホステスの契約によって内容は千差万別ですが、ホステスの中には「今週たくさん社長に来てもらえば今月の売上ノルマは安泰かしら」「今週社長の同伴が入ったからギリギリでノルマが達成できるかしら」といったことにしか目を向けない人がいるのです。

これは、あなた自身の反面教師にしてほしい事柄です。社内や取引先のおじさんと仲良くなり、味方についてもらう努力をする一方で、将来、出世する見込みのある若い方々とのお付き合いもないがしろにしてはいけないのです。仕事上の人間関係を作る上では、長期的な視点も見失わないようにしましょう。

## おじさんを好きになれば、ストレスは感じない

私は今でも、50代以上のおじさんと会食に行き、これから化けそうな40代以前のプレおじさんとも日々、お会いしていることは先に記しました。そんな姿を見るにつけ、同世代の女友達にはよくこんなことを言われます。

「おじさんと関わるってストレスじゃないの？」

彼女たちからすると、ジェネレーションギャップがあるぶん、おじさんとの付き合いはストレスが溜まるようです。でも、銀座で多くのおじさんとお付き合いをしてきた私の場合、若い男性よりも彼らと一緒にいる方が、むしろストレスは少ないのです。

彼らは心の余裕があり、相手への時間を作るスキルが身についています。おまけに、女性に対してむき出しの欲望を投げかけてくることもない。女性としては、若い男性より彼らの方に魅力を感じるのは決して不自然ではないのです。

ですから、読者の皆様もおじさんを拒むのではなく、間口を広げて彼らを好きになってみることから始めてはいかがでしょうか。好きにさえなれば、彼らと関わっていくストレスが減るのはもちろん、相手に対する興味が湧いてくるのだから。

# おじさんとのお付き合い

STEP 2

# 初対面の相手と会う時のファッション

今回は、あなたが取引先の男性と初めて会うときを想定してお話ししましょう。会社によっては必ずスーツ着用というところもありますが、服装は自由という社風の会社も少なくありません。しかも相手がそれなりの役職の方だとわかっていたら、服装にも気を遣うことでしょう。その場合、どんな服装で行くべきか。

## その日、相手からどう見られたいかを考える

簡単に言えば「その日、相手からどう見られたいか」を念頭に置いてみると良いでしょう。相手から素敵な美しい女性と見られたいのか、それとも真面目で仕事ができそうなタイプと思われたいのか。すると、おのずと答えは見えてきます。

例えば私の場合、相手の会社がどんな社風かわからない時は、初回はスーツでお伺いします。たとえ相手の会社がカジュアルな服装がオーケーだったとしても、失礼にあたることはないから

です。そこで、相手の社風を確認してくる。

続く二度目は、相手の社風に合わせつつコーディネートします。取引先が自由な社風で、担当の男性もラフな雰囲気なら、少しばかり遊び心のあるコーディネートでも良いかもしれません。女性にとって、服装は大きな武器。相手に気に入ってもらうためにはどれだけ気を遣っても遣いすぎということはありません。

## 会食に誘われた時の服装は

今度は、相手と何度か会って、お食事などに誘われた時のことをイメージしてみてください。数人で会食をする場合、このお店に来てください、と食べログなどの情報が事前にメールで来ることが多いでしょう。当然、あなたはお店の雰囲気やお料理の内容、ランクなどがわかった上で参加することになります。

この場合、高級なお店ならそれなりにフォーマルな格好をしましょう。普段のビジネススーツではなく、ドレスなどの方が男性受けは良いかもしれません。一方、カジュアルなお店ならラフな服装でかまいません。さすがにデニム・Tシャツ・サンダルはいただけませんが、普段あなたが彼氏と会う時のような格好なら素が見えて良いかもしれませんね。

服はTPOに合わせる――。これは基本的なビジネスマナーですが、若い女性の中には高級なお店なのに普段着で現れたり、逆にカジュアルなお店なのにドレスアップした服装をする方も珍しくありません。こだわりなのか、感覚がズレているのか。それによって相手の印象が変わってしまうこともあるので、注意が必要です。

## 男性と会う時は毎回、違うファッションで

実は、私は「同じコーディネートを二度としない」という決まりを作っています。もちろん持っている服には限りがあるので着回しが必要な時もあります。一度目に会ったときの印象と二度目に会ったときの印象を別のものにすることが大事。そして、三度目も四度目も同様、可能な限り同じコーディネートをしないように心掛けています。その理由は「いつも違う自分を見せていたいから」です。

私は流行りのファッションが特別好きなわけでなく、インスタ映えするファッションに身を包みたい〝キラキラ女子〟ではありません。でも、男性には「いつも違う服を着ている」と思わせたいのです。それはなぜか？　男女問わず、ファッションはやはり強い個性になりますし、自分のキャラクターを見てもらうきっかけになるからです。相手に良い印象を与えることで、「この子、華があるな」「何か面白そうな子だな」と思わせたら成功です。

# 人は「見かけ」で判断しよう

「人は見かけで判断するな」と言われます。きらきらと着飾った人がお金がないこともあれば、地味な服装の人がお金持ちのこともあるので、服装にとらわれずその人の本質を見極めよという格言ですが、しかし、銀座で私が経験したことは「人は見かけで判断しなければいけない」ということでした。いったい、どういうことでしょうか。

## 服装から相手の素性をプロファイリング

実は、優秀なおじさんや売れっ子ホステスは、人を見かけで判断する〝眼力〟が備わっているのです。それは細かい部分に気がつく観察力と洞察力が身についているということでもあります。「高そうなスーツを着ているのに質の良いシャツではないな」「高価な靴を履いているのに手入れが行き届いておらず、クタクタになっているな」「高級時計を身につけているのに手はガサガサだな」そんなちょっとした〝情報〟を元に、相手をプロファイリングしているのです。

例えば、高いスーツを着ているのに質の良いシャツを着ていなかった場合。銀座の座って10万円のお店に来る男性で、こんなアンバランスな人はまずいません。スーツが上等であれば、必ずシャツも上等です。従って、スーツを買うお金はあるけれど、シャツは買えなかったと想像できます。あるいは、スーツだけ上等なものを着ておけば、シャツは安物でもバレないだろうと考えたのかもしれません。

そうやって推理していくと、彼はもともとお金がないのに、無理をして着飾って、銀座のお店に来ている人なのだ、という仮説に辿り着きます。極端な話、お店に出入りするお客様と知り合いになって、彼らからお金を得ようとしている詐欺師かもしれません。もちろん見当外れの可能性もありますが、少なくとも警戒はしておいた方が良いことになる。このようなプロファイリングはおじさんとホステス共通の護身術ですね。

## 安物の服ばかり着る人は自己プロデュース能力に欠けている

男性の服装を見る上で重要なのは、オシャレかどうかではなく、「どれだけ相手に不快感を与えないよう自分に投資しているか」ということです。もってまわった言い方で恐縮ですが、例えば、いくらオシャレなブランドでも、ギラギラに着飾った成金風の人たちは決して良い印象を与えません。その点、節度のある方はお金をもっていても嫌みにならないような服装をしているものです。

そしてもう一つ、「自分に投資」していることも大事です。何度も言うように、服装は男女問わず、その人のキャラクターを見てもらうための武器でもあります。ましてや50代以上の男性の場合、いくら派手な服装が嫌いだからといって、いかにも安物の服を着ているというのはさすがに自己プロデュース能力に欠けている。やはり、最低限、年齢に見合ったブランドの服を着るべきだと思うのです。

## いかなる時も女性は服装に手を抜いてはならない

逆の立場でいうと、男性と向かい合うとき、女性も「見かけで判断されるものだ」ということを常に心に置いておかねばなりません。あなたが男性に対してそうしているように、あなたも男性から同じことをされているのです。安っぽかったり、不似合いな服装（とお化粧）をしていれば、その程度の女だと思われかねません。

ですから、女性はどんな時でも、頭のてっぺんからつま先に至るまで、絶対に手を抜いてはいけないのです。高いものでなくても、バッグや靴も丁寧に手入れをしていなければなりません。だって、その日、（ビジネスに限らず）運命の出会いがあるかもしれないじゃないですか。服によって一生を左右する出会いを逃したらそれこそ目も当てられないでしょう。

# 仕事の話よりも、まずは雑談をしよう

商談の現場などで、マンツーマンでおじさんと向かい合うときは、自分がインタビューする気持ちで話すと良いかもしれません。相手まかせに会話を進めるのではなく、まず質問事項を考えておき、それに添って相手の話を引き出していくのです。事実、私は仕事相手と初めて会ったとき、いつもこんなことを言われます。

「どんな人が来るかと思って今日は、鈴木さんのことを聞きに来たのに、俺のことばっかり話しちゃったよ」

なぜ、そのようなことが起きるのでしょうか。

## 「心を開いている」と感じてもらうためには

私は男性と会うとき「この人は、どういう人生を送ってきたのだろう」と興味津々で接します。人好きの私からすると、今から一緒にビジネスを展開する可能性のある相手のことを「知りたい」と思うのは当然。その人の生い立ちから、学生時代、入社のきっかけ、果ては結婚まで、とにかく雑談をしていきます。

仕事の話よりも相手の個人的なことに食い付いているのですから、私の興味の置きどころがその人個人に向いていることは、相手にも明らかだと思います。

そして、自分に興味を持ってくれている、という印象は、その後、何度かお会いするうち、やがて相手が自分に対して「心を開いている」という印象へと変わっていきます。逆説的な言い方になりますが、人間、相手に心を開かなければ、その人に対して興味を持つこともないからです。自分に心を開いている相手に対しては、自然と好印象を持つのも当然の心理です。

## 好印象を与えていたことが、最後の最後で決め手になる

相手から好印象を持ってもらえれば、何かと仕事が有利に運びやすくなります。

仮に、ある企業の一つの案件に対して、入札したい競合他社が三社あったとします。会社の規模や技術、金銭面など、どこも条件が似たり寄ったりだとすれば、最終的に担当者は何を基準に一社に絞るのか。担当者に対して雑談などによって好印象を与えていたことが、最後の最後で決め手になるかもしれません。

また実際に案件が決まった場合でも、相手と気心が知れていることによって、様々な場面でス

ムーズに仕事は進んでいくことは多々あります。このように、仕事に入る前のとっかかりとして、相手に対して自分から興味を持つのは大変大事なことなので、皆さんも覚えておいてください。

## 一緒に仕事をする前に、相手のキャラクターを把握しておこう

商談がまとまり、一度〝５Ｗ２Ｈ〟「いつ（When）、どこで（Where）、だれが（Who）、なにを（What）、なぜ（Why）、どのように（How）、いくらで（How much）やるか」を決めたら次は、「そのゴールに向かって、どのように進めていくのか」が重要です。このとき、自分中心で進められるなら面倒はないのですが、場合によっては先方企業の担当者が仕切るケースも珍しくありません。

それならば、相手がどのような人物なのかをプロジェクトが始まる前に把握しておいたほうが、その後の仕事がスムーズにいきます。生い立ち、家族構成、趣味はもちろん、いま抱えている悩みから将来の展望まで、できるだけその人個人を知るべきだというのが私の考えです。

なぜなら、それら全てが仕事での〝今の彼〟のキャラクターを形作っているからです。キャラクターがわかれば、何を嫌がり、何を好むかが自ずとわかるので、一緒に仕事をしていく上で無用な地雷を踏まなくてすむようになります。自然と、プロジェクトも円滑に進むようになるという流れです。

# セリーナ流・飛び込み営業の極意

皆さんは、飛び込み営業と聞いて、過酷な仕事というイメージを抱くのではないでしょうか。何のツテもないゼロの状態から関係を作っていくわけですから、それは大変なことですが、基本的には前述したように雑談力がモノを言うのです。

コツとしては、飛び込み営業をかけた相手に対して「この人と一緒にいると楽しいな」と思わせることが重要。さらにそういう関係を築くには、第一にその会社や担当者の男性を深く知ることが大事ということも、すでに述べました。

では具体的にどう営業をかけるのか。

今回は、私が会社を立ちあげた当時の体験を振り返りながら、私なりの飛び込み営業のやり方をお伝えしたいと思います。

## 『会社四季報』を片手に営業電話をかける毎日

私が企業のイベントや商品を共同で企画・プロデュースする企画会社を立ち上げたのは、銀座ホステスを辞めた直後でした。

起業といっても会社経営に関してはド素人。資金、ノウハウ、人脈をほぼ何も持っていませんでした。まさにノープランだったと言っていいでしょう。

その頃の私は、『会社四季報』を手に取り、片っ端から営業電話をかける毎日でした。電話の相手に会社名と自分の名前を言い、営業電話であることを告げた上で、担当者に取り次いでもらったら、挨拶もそこそこ、こんな風に切り出すのです。

「企画の会社をやっています。何かさせてください。何か企画を一緒にしたいです」

担当者に恵まれたのか、アポイントの成功率は決して低くありませんでした。「とりあえず会ってお話ししましょう」という展開になり、後日、先方の会社で担当者に面会できることになるのですが、この時、相手からはよく「君は何ができるの？」と聞かれました。

私は次のように答えていました。

「御社の新しい商品のプロモーションって、今後もやりますよね。その商品をより多くの方に喜んでもらって、一つでも多く売るお手伝いはできると思います。でも、『パワーポイント』はできないので、何かお題を与えてくだされば口頭でお伝えします」

今から振り返ると素人丸出しですが、『パワーポイント』ができないというオチで、クスッと笑ってもらえたら、摑みはオッケーです。

ちなみに、パワポができないのは本当の話です。それどころか、『エクセル』も使えません。当時から現在まで、企画書を一度も書いたことがありません。

## 「皆さんコンドームを付けていますか?」

そんなある日、いつものように『会社四季報』を読んでいたらF社というコンドームを製造・販売する会社を見つけました。

「コンドームを作る会社の人って、どんな人たちなんだろう。話してみたい!」

単純に好奇心が膨れ上がった私は、その場で電話をかけ、「とりあえず会ってほしい」と担当者にお願いしました。もちろん断られることは想定内でしたが、結果は「お会いしましょう」。後から聞いた話では、自社の商品を一緒に売りたいと言っている女がいるということで、興味を持ってくれたようでした。

アポイント当日(会社では変な女が来ると話題になっていたようです)、私がF社に出向くと、会議室には決定権のある方々が席に着いていていました。名刺交換などを済ませたところで、私はのっけからこう言いました。

「電話では聞けなかったんですが、皆さんはコンドームを付けていますか？」

私も今では年齢を重ね、知識も得て、時と場合を考えてコンドームを使っておりますが、これは当時の純粋な疑問でした。

幹部たちは「ケースバイケースですね。立場上、付けると言わないといけないんですけど」と言うんです。

「でも、ナマのほうが気持ちイイじゃないですか。男性だってそうでしょう？」

「まぁね（笑）」

「本当に失礼だったら申し訳ないんですけど、コンドームはどういう人たちが作ってどういう人たちに売っているんだろうって興味があって来たんです。営業と言いつつ社会科見学に来てしまいました」

最初からそんな会話をしたところ、場は盛り上がり、担当者はいろいろな〝雑談〟をしてくれました。こんな豆知識も披露してくれました。

「一番コンドームが売れるのは空港なんですよ。海外に行く前に持っていこうという人が多いのでしょう」

続けて、「若い人がなかなかコンドームを買ってくれない」という話を聞き、パッと閃きました。土下座をテーマにしたコンドームを作ったら面白いんじゃないかと。

## 土下座をテーマにしたコンドームの企画が採用された！

若者といえば、女性に対して「ヤラせてください」というノリがあるじゃないですか。これをオーバーに表現すれば、土下座をして女性を拝《おが》み倒す姿になります。実際にそのような若者はいそうだし、見た目もギャグチックで笑えます。面白がって手にとってくれる若者もいるのではないかというのが最初の着想でした。

ではこの発想をどう具体化するか。これについては苦労はありませんでした。というのも当時、ガチャガチャの製品で一世を風靡していた「土下座」のキャラクターがあったからです。これを起用したコンドームを作ろうと提案したところ、先方に興味を持っていただき、改めて企画会議に乗せていただけることになったのです。

その後、様々な会議やプレゼンを経て、私の企画が採用されました。あの時のうれしかったこと言ったら、表現もできないほどです。もちろん土下座コンドームを商品化する際も、私の意見を取り入れていただきました。

コンドームはだいたい箱ですが、それでは買いづらい上に持ち歩くのが恥ずかしいので、入れ物をポップな缶にしたのです。狙い通り、商品は20代、30代の男性にヒットし、以降、F社とは、妊娠検査薬のプロモーションなど何度も仕事をする関係になりました。

なぜ、私がF社の飛び込み営業に成功したか。自分なりに分析すると最大の要因は、開口一番、御社に興味があると伝えたことではないでしょうか。単なる営業トークではなく、純粋に先方の会社に興味を抱いていたからこそ、先方にもその空気が伝わり、結果的に会ってくれる気になったのです。

さらにアポイント当日に雑談から入ったことも、プラスに働いたに違いありません。先方からすれば、通常の飛び込み営業ではなかったことで、様々な雑談から議論が生まれ、角度の違う企画が生まれたと思うのです。くどいようですが、本題を切り出すのは、ずっと先で良いのです。まずは相手のことを知り、どんどん気になったことを尋ねるべきです。

## 下ネタの上手な使い方

よく銀座では「最初の3分が勝負」と言われます。「いらっしゃいませ。鈴木セリーナです」と挨拶をして着席してからの3分間でいかに相手と距離を縮め、好印象を与えられるか。私は、当たり障りのない会話の中に必ず下品にならない程度のシモネタを入れるようにしていました。なぜなら、シモネタが嫌いな男性には、ほとんど会ったことがないからです。シモネタは万国共通ですし、私自身も大好きです。

## 「19番ホールが上手でいらっしゃるから」

銀座の一流クラブでは日夜、経済ニュースの話をしているというイメージがあります。お客様に経済界の方が多いので、売れっ子ホステスは彼らとの会話についていけるよう毎日、必ず新聞数紙に目を通すという有名な話がありますが、現実にはそこまで極端ではありません。お客さまも銀座に来たときくらい仕事を忘れたいのか、ごく日常的な会話が多かったと記憶します。

例えば、銀座ではゴルフをするお客様が多いですが、そういうお客様に対しては、こんな会話をしていました。

「日焼けされてますね。ゴルフの帰りですか？」

「そう。全然上手じゃないんだけどね」

「でも、19番ホールが上手でいらっしゃるから」

ゴルフは18番ホールまでしかありませんから、その先の19番ホールというのは、ゴルフが終わった後のお楽しみ、つまり男性が女性をお誘いすることを指しています。女性を口説くのがお上手だという、下ネタですね。

するとお連れ様が会話に加わり、「そうそう、〇〇さんは19番ホールだけ上手だから！」と冗談を言って会話が膨らみます。すかさず私は、「ぬかるみに入るときは長靴を履いてくださいね（＝エッチするときはコンドームを付けてくださいね）」と合いの手を入れます。

これらは基本的にベタな言葉遊びですが、下品にならないようにセックスライフを話すとおじさん方は喜ぶものです。あなたの会社の中にも下ネタが大好きなおじさんがいらっしゃるでしょうから、ぜひ参考にしてみてください。

## 直球の「モテそうですね」はおべっか感アリ

前述の会話は単なるシモネタではありません。「19番ホールが上手でいらっしゃるから」というのは、遠回しに「お客様、モテますからね」という褒め言葉になっているんです。おじさんに限らず、男性は、女性から「真面目そうですね」と言われるより「モテそうですね」と言われるほうが嬉しいものです。

ただ、問題はその伝え方です。銀座ホステスの中にも、おじさんに対して直球で「モテそうですよね」と言う女性がいます。悪い気はしないと思いますが、やはり〝おべっか感〟が出てしまいます。仮に男性がおべっかと捉えなかったとしても、この言い方だと逆にチャラチャラ遊んでいる下品な感じが出てしまうから印象は良くありません。

その点、「19番ホールが上手でいらっしゃるから」は、おべっか感もなく、下品にもならないので、おじさんにも喜ばれるのです。

## おじさんだって「男として見られたい」

私は、男性と会話を進めるとき、常に「あなたを男性として見ています」という気持ちで接するよう心掛けています。起業した現在でも、取引先などの男性と接するときは常にそのことを意識しています。なぜなら、おじさんだって「男として見られたい」という気持ちがどこかにあると思うからです。

そして、私が相手を男として見ることによって、先方に気分よくなってもらえば、自然とコミュニケーションも上手く取れるようになります。相手の男性としても、自分を単なるおじさんとしか見ていない女性よりも、一個人としてや、男性として向き合ってくれる女性を少しでも良くしたいという心理が生まれるからです。結果、私にもプラスになり、男性にとっても楽しい時間が過ごせることになるのです。

ちなみに、おじさんを「男として見る」というのは、色恋の営業で仕事を取ってくることではもちろんありません。相手を一人の男性として認めつつ、艶っぽい会話もたまにありの仕事をすることによって、結果、良いものが生まれるのではないかと思うのです。男性と女性が一緒に仕事をすることの意味は案外、そんなところにもあるのではないでしょうか。

## 「知識がないこと」を逆手に取ろう

ちまたに溢れる交際術の本を読むと「人と会うときは相手のことを出来る限り調べておくように」と書かれているものが少なくありません。例えば、あなたが初めて取引先の会社を訪問するとき。ネットなどでの下調べは欠かせないでしょう。設立年度、会社規模、業務内容、組織図などの情報を入手し、その場の会話に活かそうと考えるのは自然なことです。

でも、私はそれらの下調べが最重要事項であるとは考えていません。先方企業の担当者の男性と接するときには、むしろ「知識がないこと」を逆手に取る方が好結果を生むケースもあるのです。

### あえて下調べをしないで初見の打ち合わせに望む

私が大切にしているのが「先入観を持たない」ことです。初めてその会社を訪れる時、ネットの事前情報があれば、どうしても色眼鏡で見てしまいます。経営状態が悪そうなら取引に注意するでしょうし、業績が良いという話があれば積極的に契約を結ぼうとするかもしれません。それによって、交渉の結果がまったく違うものに変わってくるのは、よくあることです。

しかし、現実にはネットなどの他人が調べた情報が正しいとは限りません。悪い噂はあっても、本当は優良企業であるケースは多いですし、その逆もまたあります。そこで私は、先入観を持たずに相手を判断するために、あえて事前の下調べをしないで初見の打ち合わせに望むことにしているのです。

もちろんこれが相手にとって失礼にあたるということは理解していますが、実際には相手から不快感を示されることはまずありません。「うちはこういう会社でね」と丁寧に説明してくださることが多いのです。特に、仕事がデキる男性ほど小さなことにこだわらない傾向があります。

## 一夜漬けの知識は一瞬で見抜かれる

私の経験上、仕事がデキる男性は付け焼き刃の知識を披露されるより、〝無〟の状態から興味を持ってくれる相手にこそ心を開きます。私は何も知らないので、ぜひ教えてください、というスタンスで素直に質問することによって、相手と良い関係が生まれることについては、61～62ページでも書きました。

高学歴な女性にありがちですが、「私はここまで調べてきました」と知識を披露する行為は、決して彼らには通用しません。へーよく調べましたね、と感心はされても、ただそれだけで、評価が上がることは少ない。残念ながら、男性というのは、女性の勤勉な部分を求めているわけではない現実があるのも事実です。

それに仕事がデキる男性は一夜漬けの知識を一瞬で見抜きます。そうとも知らない彼女が知ったかぶった素振りでも見せようものなら、逆に底の浅い女だと思われかねません。そんなリスクを犯すくらいなら、最初から「知らない」ことを前面に出した方がよほど賢いと私は考えます。

## 誰かを紹介してもらう時は、事前にどんな人なのか想像する

銀座ホステス時代の話をしましょう。

当時、私が男性と知り合うのは、だいたい常連さんの紹介でした。事前に常連さん（Aさん）から「今度、知り合い（Bさん）を紹介するよ」と聞かされることが多いのですが、その場合、私は常連さんに「どのような方ですか」とお尋ねするのみで、それ以上は何も聞かず「この人の紹介であれば、こういう人なんだろうなぁ」と想像する程度でした。

そして、Bさんにお会いしたときは「お噂はかねがね伺っております」と言いつつ、興味の赴くままに質問をしていくのです。どんな会社なのか、仕事はどんな内容なのか、仕事以外の趣味はあるのか、ないのか。私が事前に情報を知らないからこそ、Bさんは色々と説明してくれ、それによってまた新たな質問が生まれと、良い循環が出来ていくのです。

さらに事前にBさんを想像をしていたことによって、「こういう人だと思っていたんですけど、想像と違いましたね」「思っていた通りの方ですね」といった話題で盛り上がることもできます。私としてはそれが楽しくて仕方がないのですが、実は私が相手を調べないことには他にも理由があります。

当時、お客様の中には芸能人やスポーツ選手などの著名人もいました。普段私はスポーツ紙や週刊誌を読みませんが、たまたま入った美容院などで手に取ると、賛否両論の人物評が書かれていることがありました。たとえば、超人気司会者のMさんは「酒癖が悪い」「セクハラがひどすぎる」と書かれていました。

でも、実際、私が接してきたMさんは礼儀正しい老紳士。全然スケベな方ではなかったのです。そんな経験を通じて、私は「変な先入観を持ちながら接してはダメだ。実際見てみないとわからないものなんだから」と実感したのでした。

私は本来、人の言うことに影響を受けやすいタイプです。騙されやすいという自覚があるので、あまり情報を詰め込みすぎないようにしている部分もあるのです。何度も言うように、情報があれば、どうしても先入観を持ってしまう。先入観を持つよりも、まずは自分で判断することが大事だと、私は考えます。

## 「知らない」ことで失敗しても、相手の評価は下がらない

27ページでも述べたように、「仕事がデキるおじさんは教えたがり」です。彼らにとっては少々、無知な方が可愛げがあって良いのだから、へたに知ったかぶる必要はありません。皆さんも〝無知の力〟を信じ、知らないことは「教えてください」というスタンスで男性と向き合ってみてください。

――と、偉そうに言っている私ですが、銀座ホステス時代は少々シャレにならない経験をしてきました。無知により数々の失敗をやらかしてきたのです。では、それによって私の評価が下がったかというと、必ずしもそうではなく……。

### 失敗1　全国的に有名だったイケメン格闘家

有名な占い師の先生とともに当時人気を誇ったイケメン格闘家がお店にいらしたときのこと。彼は、地上波の格闘番組のメインイベントに出るような有名人ですが、でも、私はテレビを見な

いので、その格闘家の存在自体を知りませんでした。浅黒い肌に茶髪で筋肉ムキムキの彼を見て、私は瞬時に「闇金の人かな」と思いました。

失敗はここからです。占い師の先生と格闘家の会話が「どうやって次の試合に勝つか」という話だったので、私は思わず「スポーツをされているんですか？」と聞いてしまったのです。すると彼は「スポーツ選手です」。占い師の先生が「あんた知らないのかい？　こんな有名な男を」と言うので「ごめんなさい、勉強不足で」と謝りました。

ところが、結果的にはこの失敗が良かったのです。当時の彼は日本中の女性たちからキャーキャー言われていたので、私のように彼を知らないということ自体がきっと新鮮だったのでしょう。「いやぁ面白い。この店、通い続けるわ」と言ってくださり、それ以降、仲良くさせていただきました。

## 失敗２　カストロ議長と対談した某上場企業の会長

同じ頃、お店の常連の、ある上場企業の会長が私を可愛がってくれていました。

ある日、会長は「今度、新聞に俺の記事が出るんだ。カストロ議長と対談をしたんだよ」という話をされました。カストロ議長はキューバの当時の国家元首ですが、当然、カストロ議長のことなど知らない私は、その話を完全スルー。冷静に考えたら、この時点でかなりの失礼をやらかしています。

ところが、その数日後のこと。地元九州に帰る飛行機の中で、たまたま手に取った日経新聞には、会長と怪しげな中年外国人が笑顔で握手する写真が掲載されていました。「会長じゃん！」と思い、早速電話をしたのです。

「会長さぁ、今日、新聞出てなかった？　なんかさ、面白い名前の外国の人と映ってなかったぁ？」

「いやぁ、セリーナ。それこの間言ったじゃん……。カストロ議長と会って上海ガニをあげたんだって話、この間したじゃんよ」

私は、まったくもって会長の偉大さが理解できていなかったのです。いま思えばお恥ずかしい限り。しかも、当時20歳だった私は会長に対してタメ口です。生意気な私に対して「ハイハイ」と言って許してくれた会長には、今でも頭が上がりません。若気の至りですね。


この二つのエピソードから導き出される結論は「仕事がデキる大人は、相手の無知によって評価を変えない」ということです。さらに言えば、「無知であることがプラスに働く」ケースもあるということ。自分で言うのもおこがましいですが、男性の前では常に〝無邪気〟に振る舞うに尽きると思うんです。無邪気にふるまえば、多少の失礼は許してもらえるどころか、可愛い気があると思ってくれるのですから。明日からあなたも妙なプライドは捨て、知らないことは「知らない」」、知りたいことは「教えて」と、はっきり口に出してみることから始めましょう。

# おじさんを喜ばせる「上手な褒め方」

「大企業の取締役なんて凄いですね」
「大きな会社を率いている社長って尊敬します」

それなりの会社でそれなりのポジションに就いているおじさんは、社会的地位について褒められる（憧れられる）ことについては慣れっこです。とくに若い女性は、相手の肩書きに目を輝かせるタイプが多いので、夜のお店あたりだとキャーキャー言われることも少なくありません。

しかし、彼らがどのような努力をして今の地位にいるのか、その過程について興味を持たれたり、いくつもの山場を乗り越えてきた底力に賞賛を浴びせられることはあまりありません。それは男性にとって不幸なこと。女性は自分の肩書きにしか興味がないのかと考えてしまうのも無理はないでしょう。

彼らに好印象を持ってもらいたい時は、そんな彼らが「聞いてほしい」ポイントを意識して会話をすると効果的です。社会的地位そのものよりも、そこに行き着くまでの人生に思いを巡らし、様々な障害があったのなら「それを乗り越えてきた男性は格好いいと思います」と口に出し

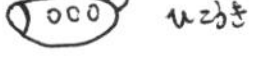

てみてはどうでしょうか。

## 肩書きは〝お洋服〟に過ぎない

私は銀座ホステス時代、お客さまの肩書きについて深くは聞きませんでした。なぜなら、その人の肩書なんて、彼らを着飾っている〝お洋服〟に過ぎないと考えているからです。例えば「そのお洋服、素敵ですね」と褒めても、その洋服のデザイナーを褒めているだけで、結局、その人自身を褒めていることにはならないからです。

「○さんって社長さんなのよね。凄いわねえ」

創業社長の場合は会社＝その人自身ということになりますから少々事情は違いますけど、会社員の方は肩書きを褒められることに対して、さほどの喜びは感じないのではないでしょうか。それよりもっと個人のパーソナリティや趣味に目を向けるなど、褒めるべきポイントはいくらでもあると、私は考えるのです。

## 相手の話を聞きながら、自分も興味を持つことが大事

次に、上司に対して、日常的なコミニケーションを取る上で、さりげなく褒めたいケースを想

定しましょう。もちろん褒めるポイントはどこかわからないのですが、会話や日常生活などから、とっかかりを探してみてください。

例えば、いつもカフスをしている人なら、単純に「カフス、素敵ですね」と言ってみましょう。その場合、相手が「このカフスはさぁ」と熱く語り始めたら、それがポイントかもしれません。あなたがやるべきことは、そこに共感すること、つまり、話を聞きながら自分も興味を持つことです。

彼なりのカフスに対するウンチクがあるようなら、そこにも興味を持って耳を傾けましょう。後述しますが（182ページ参照）、ウンチクを聞くことは、相手との精神的な距離が近くなる簡単な方法なのです。

## 嘘で褒めることは禁物

さらに言えば、相手に共感を持つ時は最初から話を聞かねばなりません。たとえば、デニムのステッチにこだわりを持っている男性の場合、ステッチについて彼が興味を持ったときと同じスタートラインに立つことが大事です。「なぜ、それに興味を持ったんですか」と質問するのです。

その男性だって、ステッチにこわだり始めたときは、ステッチに関して素人だったはず。要は、きっかけから聞くことによって、どこが好きになり、どのようにハマっていったのかが、第三者にも手に取るように理解できるぶん、男性のこだわりが明確になるのです。

そしてあなたは、この会話によって彼の趣味に興味が湧いたら、「面白いですね。素敵ですね」と褒めれば良いのです。単に話だけを合わせても、勘の鋭い男性には気付かれてしまうので、嘘で褒めることは絶対にしてはいけません。

## 化粧室でホステス同士が「客を持ち上げるのも疲れるよね」

私はお客様の付き合いでクラブに同行させていただくことがあります。女性がホステスから接客されるのも変な話ですが、最近は男性に連れられて女性客が行くことも多いのです。そんな時、ホステスの本音が垣間見れることがあります。
実際、お化粧室でホステスたちと居合わせた際、「客を持ち上げるのも疲れるよね」という愚痴を耳にしたことがありました。それは嘘をついているから疲れるのでしょう。彼女たちは、お客様に気に入られようと、思ってもいないことばかり口にしているのです
しかし、おじさんたちは、おべっかをはじめ、若い女の子の嘘を見抜いています（66ページ参照）。彼女たちがもしおじさんたちにたくさんお金を落としてもらいたいと考えているなら、まずは自分が相手に対して興味を抱くことで、向こうにもこちらに興味を持ってもらうことが大事だと思います。

# 男性の肩書に騙されるな

「有名大学卒」「弁護士」「医者」「東京都港区出身」「会社経営者」。

若い女性からすると、どれも魅力的なキーワードに思えてきますよね。女性は往々にして、スペックの高さや家柄で男性を判断してしまいがち。つまり、女性たちはわかりやすい〝サイン〟を追い求める傾向があるのです。

なぜ若い女性は男性の肩書に魅力を感じるのでしょうか。

おじさんの話に入る前に、まずは若い女性が男性の肩書に惹かれる理由を私なりに考えてみたいと思います。

## 学歴で相手を判断してはならない

例えば一流大学を卒業した男性と、中卒の男性の違いについて考えてみます。確かに、一流大学卒業の男性が中卒の男性よりも稼ぎが良い確率は高いでしょう。なぜなら一流大学の方が良い会社に入れる確率が高いぶん、自然とお給料も高くなる傾向があるからです。

しかし、それは確率論に過ぎません。大手企業が採用試験で学歴を気にするのは「それらの有名大学を卒業していれば優秀な人材である可能性は高いだろう」という安易な確率論に基づいていると私は考えています。要は、手っ取り早いのですが、現実社会では一流大学を卒業した男性が必ずしも優秀であるとは限りませんし、中卒でも溢れる才能を持っている方は少なくありません。

私は中卒で会社を立ち上げて事業を大きくし、一流大学出身者たちを多く雇う経営者や、中卒で就職し、働きながら高卒認定試験に合格し、大学まで行って大手企業に就職した方など多数見てきました。最初から高学歴より、学歴コンプレックスをバネにしてのし上がっていく男性の方が強いケースは多いのです。

話を戻すと、あなたがおじさんと出会うのは、採用面接の場とは違いますよね。上司や取引先の方が大卒だろうと中卒だろうと、仕事の内容は変わりません。つまり、あなたが彼らに接するときには肩書を気にする必要などないのです。相手の学歴を聞いて、有能か否か判断するつまらない女になるのはやめましょう。

## 血の付いた白衣で店にやってきた自称「日赤の外科医」

地元九州でホステスをしていた頃、こんなことがありました。私が働いていたクラブで常連客だった自称「日赤の外科医」がいたのです。お医者様と言えば地元の名士。女の子から「先生、先生」とちやほやされ、来店するたびに結構な金額を使ってくれました。

不自然だったのはこの男性の服装です。その先生は必ず血の付いた白衣を着て店にやってきて「今日のオペは大変やったわ」と汗を拭うのです。その時点で、かなり怪しいですよね（笑）。私やママは「おかしいよね」と陰で言いながらも「先生、先生」と、もてはやしていました。

でも、やはり女性目線で考えると医者という肩書は強いのです。金払いの良さゆえに、彼が医者だと心底信じ切っているホステスも多かったわけですが、数ヵ月後、案の定というべきか、男性は業務上横領で逮捕されました。彼の正体は医師でも何でもない、単なる事務職で、飲んでいたお金は会社から盗んだものだったのです。

この事件で私が学んだ教訓は、「肩書には騙されるな」ということでした。前項では、肩書きだけで「最初からマイナスイメージを持って接してはいけない」「先入観を持つな」と記しましたが、逆に良い肩書にダマされることもあるから、若い女性は注意をしなくてはいけないのです。

# 自己顕示欲の強い男性とは距離を置こう

ちまたには自分の肩書を自慢し、〝特別感〟を漂わせてくる男性がいますよね。一流企業の会社員なら「うちの会社はこうだから」、自営業者なら「私は社長だから」――。前者の会社員なら相当な競争を勝ち抜いて一流企業に就職し、後者の自営業者なら猛烈な努力の末に会社を成功させたわけですから、それ自体褒められることなのですが、〝高尚〟な肩書は自慢すればするほど陳腐になるものではないでしょうか。

私の場合、せっかく立派なお仕事をされている男性に出会ったとしても、その男性がそれを自慢するような言動を取ったときには、あまり関わらないようにすべきだと考えます。なぜなら、そのような男性は〝将来性〟を感じられないからです。将来性。つまり、これから仕事やプライベートなお付き合いをしていく上で、自分にとって大事な存在になりうるかどうか、ということです。

この項では、将来性のない男性の内面を解剖していくことにしましょう。

## 名刺の裏に肩書がズラリと並ぶ自営業者は…

まずは自営業者を例に取ってみましょう。よく名刺の裏に何十個もの肩書を記載している男性がいます。もちろん、仕事と関係のあるものなら記載するのが当然だと思うのですが、中には仕事には無関係なばかりか、聞いたことのないような肩書がズラリと並ぶものものあります。例えば、

「○○協議会会長」「○○連合事務局長」
「○○信奉会理事長」「○○組合名誉会長」

私の経験上、50代以上の苦労人に多いと思うのですが、こうした名刺をお作りになる方達と接していて思うのは、総じて自分に自信がないということ。そのくせ自己顕示欲ばかりが膨れ上がり、「凄いだろう」と他人に誇示したいという欲望が見え隠れしています。俺はこんなにいっぱい肩書があるんだぞ、というわけです。

実際、本当の〝実力〟を兼ね揃えた方はほんの一握り。特に、30~40代で肩書を誇示する方に〝ホンモノ〟はいませんね。凄いどころか、他人が違和感を覚えていることに気がついていないくらい自分自身を見失っています。見る人によっては、名刺一枚でここまで印象が悪くなるので、自営業者の男性は要注意！

## 自分自身を見失っている、全身ブランドづくしの女性たち

人は自己顕示欲が強ければ強いほど、己をオーバーに表現してしまいます。それは名刺だけではありません。さらに男性だけでなく、女性も気をつけねばならない事柄です。

例えば、服装。一流ブランドにはそれぞれ、創業者、歴代のデザイナーの意思を継いだデザイン、テキスタイル、素材の特徴があり、その特徴をTPOに合わせてセンス良くチョイスすることで、あなたを華やかに見せてくれます。もしあなたが、髪の毛、肌、ネイル、ハンドの手入れ、作法、美しくしなやかな体を作るべく日々努力しているのなら、ブランドのお洋服たちはよりあなたをエレガントに、時には魅惑的に演出してくれるでしょう。

しかしこれらの一切をサボっている人が、ブランドだけで選んでしまうと、成金国の爆買い観光客にしか映りません。ハイブランドのコレクションショーや、トランクショーへの招待は、一生来ないでしょう。ハイブランドショップの店員は、長く付き合いができる、本物の顧客を見抜く力があります（ホステスと似ていますね）。彼らに必要なのは、今日100万円の買い物をしてずっと来ない客ではなくシーズン毎に新作の案内を出せば安定して来てくれる、またその顧客の子供、孫世代まで通ってくれそうな客なのです。

…話が脱線してしまいましたが、私が言いたいのは、全身ブランドづくしの女性たちは、自己顕示欲の虜《とりこ》になって自分自身を見失っているということです。男性からもそれは透けて見えるの

で、おじさんにも好かれる素敵な女性になりたいのなら、ブランドに見合った自分になるよう努力することを忘れてはなりません。

## 「どうせ俺なんて腹も出てるし…」おじさんに喜ばれる〝自虐ネタ〟の返し方

おじさんはコンプレックスのかたまりです。人によっては、そのコンプレックスを前面に押し出してくるタイプの方もいます。例えば、あなたは社内で上司からこんなことを言われたことはないでしょうか。

「俺なんかさぁ、お腹も出ちゃって髪も薄くなっちゃってるし、この年齢になると鏡の前に立つのが嫌になるんだよね」

あるいは、初対面の男性にこんなことを言われた経験はありませんか。

「どうせ僕なんて家庭でも外でも、もう男として見られてないからさ。同世代が集まれば昔話と病気自慢ばかりだし」

そんな自虐的なことを言われたら返答に困りますよね。でも、これらの自虐ネタには正しい答え方があるのです。

## 自虐ネタを儀礼的に否定しても、相手に喜ばれない

まず前提として、彼らにとって自虐ネタは自分自身を守る盾になっています。おじさんであると言いつつも、それをギャクにできるくらいには気が若いんだよ、と内心は考えているわけです。事実、だいたいの女性は「いやいや、そんなことありませんよぉ」と適当に流すのではないでしょうか。彼女たちも彼らが内心で否定してほしいのがわかっているからです。

でも、それは正解とは言い難い返答です。なぜなら、おじさんであることを儀礼的に否定しただけで、どこか社交辞令的なニュアンスが含まれてしまっているからです。とりあえず自虐ネタを否定するのは悪くはないかもしれませんが、結果としておじさんが喜ぶところまではいきません。

相手に喜んでもらうためには、「そんなことがない」と言うのではなく、「なぜそんなことないのか」を伝えるべきなのです。つまり、その理由まで踏み込むことによって、ことばにリアリティが出るのです。実際、彼らは若者にないものをたくさん持っています。おじさんはそれを指摘されるととても喜びます。

## 「デブ」は「貫禄がある」に言い換え可能

では、自虐ネタに対しては、具体的にどう答えるのが正解なのでしょうか。

例えば、前記したような「どうせ俺はデブでハゲで……」という自虐が始まったとき、私は「それは生きてきた証だしね。それはそれで素敵ですよ」という話をします。単に素敵ですというだけでなく、そう考える理由（生きてきた証）まできちんと伝えることによって、相手は納得してくれるのです。

同じように、太っているのも「貫禄がある」という言い換えができます。もちろんどんなに上手い言い換えをしてもおべっかはすぐにバレてしまうので、あなた自信が本気で「素敵」「貫禄がある」と感じてないといけません。幸いなことに、私はおじさんのことが大好きなので、嘘を言う必要がないのです。

## おじさんが自虐ネタを言うときは、あなたのアピールチャンス

ここでおじさんの服装について簡単に触れておきます。

彼らの場合、若い頃は何着数千円のシャツ、ネクタイを買い、着まわしていたけれど、年齢とともに年収や社会的立場が高くなり、スーツは自分の体形に合ったもの、シャツは上質な綿素材、ネクタイもシャツの衿幅に合わせて変えるなど、こだわりが似合うようになってくるものです。つまり、歳を重ねるごとにオリジナリティが出てくるのです。

特に、人前に立つ立場の方はファッションに関して強いこだわりを持っています。若い男性の

服装とは違いますが、彼らは彼らなりのカッコ良さの基準があるのです。当然、自分の容姿が劣化しているなどとは夢にも思っていないでしょう。

話をもどすと、そんな方でも「最近は何を着てもビール腹が目立っちゃって」と自虐ネタを言うことがあります。そんなときこそあなたのアピールチャンスです。次のように褒めると良いでしょう。

「自分のファッションはこうなんだというものを持っているあなたは素敵です。ビール腹だって貫禄があって素敵ですよ」

すかさず「おいおい、とりあえず否定してくれよ！」とつっ込みを入れてくるかもしれませんが、悪い感情は抱かないと思います。

## 「お力添えをいただき、ありがとうございました」の効能

おじさんに対して、非常に効果的なお礼の言葉があります。それは「お力添えをいただき、ありがとうございました」の一言。例えば、前日食事に連れて行ってもらい、プロジェクトのアドバイスをいただいたとき。例えば、プロジェクトを成功させるために有力者を紹介してもらった

とき。そんなときは迷わず「お力添えをいただき、ありがとうございました。◯さんのお蔭で乗り切れそうです」と言ってみましょう。

## おじさんを動かす「トイレの貼り紙」の論理

お礼を述べる行為は、様々な局面で効果を生みます。先の二例に関しては、実際に協力しているので、相手にとってもお礼を言われて当然なのですが、それでも悪い気はしないでしょう。私の経験上、義理堅いおじさんは「他にも何かあれば言ってくれ、協力するから」ということばが返ってくるケースが多いです。

ただ、一番重要なのは、むしろ具体的な協力をしてくれなかった場合に同様のお礼を言うことなのです。その方は「俺は何もしてあげられていないけど……」と思いながらも、やはり、悪い気はしないはずです。そして、義理堅い男性であれば、何もしなかったのにお礼を言ってくれた相手の気持ちに報いるためにも「次はあの子のために何かしないとな」と思うものです。

これはトイレの貼り紙の論理と同じですね。コンビニのトイレで「いつもきれいにご利用いただきありがとうございます」という貼り紙を見かけることがあります。この貼り紙があるコンビニは大抵綺麗。良識のある人は「普通に使っているのに感謝されているのなら、もっと綺麗に使わないと」と思うもの。これは「トイレを汚すな」「一歩前に」という命令口調の貼り紙よりもプレッシャーがかかり、断然効果的なのです。つまり感謝には、相手を動かす力もあるということです。

特に、社会の酸いも甘いも噛み分けてきたおじさんたちは、自分にも他人にも厳しい一方で情が深く、感謝されたことをいつまでも覚えているものです。彼らを上手に動かす極意は、毎回、丁寧に感謝を伝えることなのです。もちろん一番大事なのは〝心から〟お礼を言うことであり、相手をうまく利用するための嘘はまず見抜かれるので気をつけなければなりません。

## 社内の人間関係を維持するためにも、相手に花を持たせる

このシチュエーションを社内の人間関係に置き換えてみましょう。

例えば、あなたが直属の上司から一つのプロジェクトチームのリーダーを任されたとします。チームのメンバーはあなたをはじめ、部下が三名の合計四名。上司には重要項目は報告することになっていますが、いざプロジェクトがスタートすると、基本的には自分一人の裁量で動かすことになりました。

ところが部下はあまり戦力になりません。サボっているわけではなく、プロジェクトを円滑に進めるだけのスキルが足りないのです。結局、あなた一人の頑張りによってプロジェクトは成功――。本来なら直属の上司に対して「私が頑張って成し遂げました」と報告したいところです

よね。

でも、こう言ってみてはどうでしょうか。上司に対しては「お力添えをいただき、ありがとうございました」。部下に対しては「あなたたちのおかげよ」。要は、自己顕示欲を捨てることで、上司や部下に花を持たせるのです。

普通の上司であれば「私の手柄です」と言わなくてもちゃんと見ているものです。部下もまたしかり。彼らにしてみたら、あなたが手柄を譲ったことによって、上司は「彼女は力がある」部下は「次は何としても頑張ろう」と考えるのではないでしょうか。

今の社会は、若い女性が働きやすい環境とは決して言えません。特に女性が男性を動かす立場になると、男性からやっかみや嫉妬が生まれることもあります。そんな状況で良い人間関係を維持するためには、やはり「相手に花を持たせる」ことは大事になってくるので、職場で役職のある女性ほど気をつけていただきたいものです。

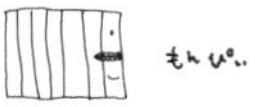

# おじさんから一対一のディナーに誘われたら

男性からディナーに誘われた場合、私は基本的にその場に一人で行くようにしています。なぜなら、〝人は一対一でなければ本当のことを話さない〟からです。私の経験上、そこそこ本音で話ができ、今後に繫がりそうな会食ができるのはせいぜい四〜五人までの少人数。十人を超える会食では、会話できるとしても、内容は薄いものになってしまいます。

## 「この人面白そうだな」と感じた方とは後日、一対一で会う

人脈を作るため、パーティや異業種交流会で名刺交換ばかりしている女性もいるようです。あっちのパーティに参加しては知り合いを作り、こっちのパーティに参加しては知り合いを作りと、とにかく顔見知りの数を増やすことによって、ビジネスやプライベートに役に立てようということなんでしょう。これを繰り返すことによって様々な業界にパイプができる——。

確かに悪い考えではありませんが、あまり効率的とは言えません。前記したように人は一対一

でないと本音を話さないので、大人数がいるところで知り合っても、表面的な挨拶で終わってしまうからです。それでも彼女たちが異業種交流会に参加し続けるのは、名刺交換は本来の目的（今後のビジネスに繋げる）のための手段に過ぎないのに、それ自体が目的と化してしまっているのです。

私は大勢の席で知り合い、「この人、面白そうだな」と感じた方とは後日必ず一対一で会うように心掛けています。

## おじさんとのディナーで心がける七つのこと

次は、おじさんから一対一のディナーに誘われた時の話をしましょう。例えば、相手が仕事の関係者だったとします。事務的な話なら喫茶店や会議室などですればいいだけですから、ディナーに誘われているという時点で、相手が自分に対して何らかの好意を持ってくれていると予想することができます。

その場合はまず、相手は純粋にビジネスパートナーとして関係を築きたいのか、それとも男女の関係を望んでいるのかを見極めねばなりません。あなたが男性に対してどんな感情を抱いているかはわかりませんが、いずれにせよ相手がどんな人物なのかを知ることが大切になってきます。

一方で、相手から自分がどう見られたいかも考えねばなりません。自分にとって重要な相手であるなら、好かれる努力をしなければならないでしょう。以上、これらをすべて同時に行うことになるので、ひとくちにディナーといっても、ただご飯を食べていれば良いというわけではないのです。

## その1　お店自体がその方を知る貴重な材料になる

では、具体的な話に入りましょう。まずは、相手が自分に対して、どのような感情を抱いているのかを考えます。

おじさんにディナーに誘ってもらった場合は、お店はその方が指定してくるケースが多いですよね。入店後、さり気なく全体を見渡してみてください。その瞬間、あなたは彼のテリトリーに初めて足を踏み入れたわけです。なぜなら男性が女性を誘う時は基本、何度か行ったことのあるお店に連れて行くことが多いからです。

だからお店自体がその方を知る貴重な材料になります。料理、お酒、客単価、BGM、ラグジュアリーな雰囲気の照明、店内の温度、店員の質――それらを注意深く観察し、「なぜ、この方は私をここに連れてきてくれたのか」を考えてみるのです。単なる仕事の話なのか、男女の仲を求めているのか。よほど鈍感な女性でない限り、自ずと見えてくるはずです。

## その2　テーブルは近すぎず遠すぎない距離で着席

おじさんが予約してくれる店は基本、高級店であるため、席を予約していることが多いのですが、もしあらかじめ席が決まっていない場合は、できれば正面に座るのは避けましょう。例えば四角いテーブルの場合、テーブルの角を挟んで、左右に着席するのです。

理由としては、正面では遠すぎるし、真横ではカップル感が強すぎるからです。相手との距離があると大きな声で話さねばなりませんし、だからといって距離が近すぎると初対面の相手としては不適切。男女においては、近すぎず遠すぎずくらいの距離感がベスト。一番心地好い声量で話せる距離感なのです。

## その3　「好きなものを頼んで」と言われても遠慮しない

おじさんが連れて行ってくれるお店のお料理やお酒は、若い女性の感覚からするとびっくりする値段が付けられていることが多々あります。例えば、フレンチで1万円、1万5千円、2万円のコースがあったとして、「好きなもの頼んで」と言われたら、あなたは気を遣って一番安いコースを注文してしまうかもしれません。相手におごってもらうのに悪い、と。違います。

私の経験では、「好きなものを頼んで」と言われても決して遠慮せず、多少わがままと思われるくらいの注文をするのが丁度良いでしょう。若い子がおいしそうに食べている姿を見るのが嫌いな方はいませんし、そもそもお金のことを気にするような方は女性を高級店のディナーに誘うことはありません。あなたがするべきは、おいしいものをおいしそうに食べることです。

## その4　気になった料理は店員に質問するくらいの余裕を

実は、男性が会食の席で一番相手のことをよく見ているのが、店員に対する態度です。横柄な態度で接するのは論外としても、気になった料理について店員に丁寧に質問をするくらいの余裕を見せると「この子はちょっと違うな」と思われるでしょう。それなりのお店で堂々と振る舞えるのは、場慣れしている＝食の経験値が高い証拠で、そういう女の子は、連れて行ったお店の「価値」を理解してくれるからです。

## その5　お店やお料理を上手に褒める

お店やお料理を良いと感じたら、積極的に褒めることにしましょう。彼らは女性が普段行けないような店に連れて行くことで、相手に喜ばれることをとても嬉しく感じるからです。ただ、問題はその褒め方です。知識もなく、薄っぺらな言い方だと、せっかく良い店に連れて行ったのにと残念な気持ちにさせてしまいます。

お料理については、漠然と「このお店のお料理、美味しいですね」と褒めるのではなく、具体的に「どの料理のどの部分が良かったのか」を伝えましょう。また、「どうやってこの店を知ったのか」を尋ねた後、「素敵な場所に連れて来ていただいてありがとうございます」とお礼を言うことが大事です。

ちなみに、そのお店が男性の行きつけではなく、初めて来た場所だった場合は、自分との会食のためにリサーチの時間を割いてくれたこと、リサーチ力によって素敵なお店へ来られたことのお礼を言いつつ、忙しいのにわずかな時間でそこまでリサーチできるなんてすごい、さすが仕事ができる男と褒めることも有効です。

## その6　帰り際にお土産を渡す

忘れてはいけないのが、帰り際に手渡すお土産です。私は男性と会食に行く際、手ぶらでは絶対に行きません。帰り際、お店を出た瞬間に「これ、もし良かったら」と、さり気なく〝お土産〟を手渡すのです。お会いした相手には「手ぶらでは帰らせない」というのが〝銀座流〟。何かをいただいたり、ご馳走になったりした際、一割でもお返しをするのが流儀なのです。では、何をお土産にすると効果的なのか。それは後述することにしましょう（１０５ページ参照）。

### その7　相手と別れた直後にお礼のメールを

そして私の場合、相手と別れた直後には必ずお礼のメールを送るようにしています。中には、その日の就寝前や、翌日に送る方もいるかもしれませんが、なるべく時間を空けない方がお礼の気持ちが伝わるというのが私の考えです。ただ、電話の方が感謝の気持ちが伝わりそうな相手には、翌日に電話します。

## 「握手」は強力なコミュニケーション手段

皆さんは、彼氏と一緒にいる時、手をつないだり、頭をなでてもらったりすると、安心感を覚えるのではないでしょうか。お互いが好き同士なら、ボディタッチは相手に対する気持ちをより深めるのに有効な手段です。

では、この感覚をビジネスに利用できないものでしょうか。

机上の論理でいけば、すでに自分の味方になってくれている（自分を好きでいてくれている）上司や取引先の男性に対して、積極的にボディタッチをすることによって、より強固な関係になっても不思議ではないのですが、果たして……。

## 肌の触れ合いによって、男性に〝共同幻想〟を抱かせる

まずは夜のお店のホステスがボディタッチを多用することを考えてみましょう。

そもそも、なぜ夜のお店のホステスたちは男性客との会話の最中、彼らの肩を軽く叩くのでしょうか。それは肌のふれあいにより、同じ空間でお酒を飲んで楽しんでいるという〝共同幻想〟を男性に抱かせるためと聞きます。

夜のお店は「この子、俺のこと好きなんじゃないか。両思いなんじゃないか」という錯覚を抱かせたい異空間です。男性がそのホステスのことを気に入れば、お店に何度も通い、高いボトルを入れてくれることもあります。そう考えると、彼女たちのボディタッチの多用はもっともなことだと言えるでしょう。

## 周囲から〝媚《こび》売り女〟と陰口を叩かれることも

このボディタッチを社内の上司に応用してみましょう。

もしあなたがボディタッチをするのであれば、時と場所を選ばないといけません。例えば、あなたの会社にも「○○さーん、これ見て」と甘い声を出し、お気に入りの社員に媚を売る女性がいるのではないでしょうか。客観的に見たら、あなたの行為はこれと同じ。あまり露骨にボディタッチをしていると、周囲から〝媚売り女〟と陰口を叩かれることになってしまいます。

とすると、二人っきりで会食などに行ったとき、ボディタッチをすることになりますが、これは相手に妙な誤解を与えるかもしれません。普段はそんなことしないのに、二人っきりのときに急にボディタッチをしはじめたら、「こいつ俺に気があるのかな」と思われる可能性もあるでしょう。色恋営業ならともかく、ビジネスをメインに考えている女性会社員としては、本意ではありませんね。

## 好きな人以外は触られたくない男性もいる

場所以外にも問題はあります。それは相手がボディタッチを好きではないケースもあるということです。おじさんは基本、若い女性から触れることをあまり嫌がらない人が多いのですが、世の中には「ボディタッチは絶対にイヤだ」という男性がいるのも事実です。こうした人には逆効果になってしまいます。

私の経験上、五十人に一人くらいのものですが、「好きな人以外は触られたくない」という潔癖な男性は確かに存在します。良かれと思ってボディタッチをしたら、知らないうちに嫌われていたという可能性もあることを考えると、ボディタッチの方法も考えなければならないことになります。

## オススメのボディタッチは握手

結論を申しましょう。私がオススメするボディタッチは、握手です。私は、男性との会食後や商談後の別れ際には、必ず握手をして別れるようにしています。

例えば、ある女性政治家は選挙戦で農村地帯を回るとき、有権者一人一人と握手をするそうです。何でも、その人の握手は特殊で、相手の手を自分の両手で包み込み、ぐいっと自分の方に持っていき、肌の温もりを感じさせるのだそう。私はそこまではしませんが、「握手をした数が得票数に影響している」というのは真実なのでしょう。

有権者からすると、握手によって、政治家に対する親近感は確実に生まれます。ましてや握る相手が若い女性で、握られる方がおじさんなら、余計にその効果は発揮されるはず。同じことはビジネスにおいても言えるのです。
握手は強力なコミュニケーション手段であると私は思います。

## メールが当たり前の時代だからこそ、手書きの手紙を送ろう

40ページの「おじさん流・メールと電話の上手な使い分け方」で触れましたが、取引先に対しての連絡は「どのツールを使うか」で先方の印象が変わってきます。それは若い女性にとっても同じ。相手やTPOによってツールを使い分けることで、自分をよりアピールすることができます。

### 手紙は時間と労力がかかるぶん、相手にアピールできる

私の場合も基本的な連絡はメールや電話を使います。相手の負担にならないように業務連絡はメールを使い、会食のお礼は相手の携帯に電話するところまでは、おじさんたちと同じです。違うのは、多くのツールのうち、ここぞという時に使っているのが直筆の手紙である点です。

メールやラインは指を動かすだけで瞬時に文字を送ることができますが、手紙は時間と労力が

かかります。そのぶん手紙は「労力をかけた」ということを相手にアピールするための手段として効果的なのです。いまの時代、手紙を郵送してくる女性は皆無に等しい。それだけに強い印象が残ることは間違いありません。

## 手紙はメールと違って、相手の記憶に残る

私は、仕事でお世話になった方々に対して、季節ごとにクリスマスカード、サマー・ホリデーカードなどを送るようにしています。文房具屋で売っている飛び出すカードに一筆添えて送ると、彼らは机にそれを飾ってくれたりします。机に置いた手紙の写真を撮ってメールで画像を送ってくださったときは本当に嬉しかったです。

そして、その季節の間は「この手紙をくれたセリーナは元気かな」と、私のことを覚えておいてくれるのです。覚えていれば、また連絡してみようと思ってくれることもあるでしょうし、何かビジネスの話があった時に「彼女にお願いしようか」と考えてくださるかもしれません。手紙はメールと違って、形があるぶん、その方の記憶の中から忘れ去られないようにする効果もあるのです。

銀座ホステス時代には「来ていただいたお客様に対してはお礼の手紙を書きましょう」というのが習わしになっていました。私は銀座ホステスを卒業し、起業した今でもこの手紙を書くとい

うやり方が習慣として身についています。

## 初めて会った人への手紙で仕事の話はＮＧ

季節の手紙以外でも、初めてお会いした方に対してお手紙を書くことがあります。その内容は、第一にお会いできたことのお礼。第二に昨日話した内容について、どう思ったかなどの感想。第三に、次に会うのが楽しみである旨を記すのです。

でも、仕事については触れないことがほとんどです。56ページでも記しましたが、仕事の話はお互いのことが分かってからでいいのです。先方としても、最初の手紙でいきなり仕事の話をされても戸惑うだけでしょう。

## 年賀状や暑中見舞いは一部分だけでも手書きで

手紙は書けば良いということではなく、「その方個人に宛てて書いているんだ」ということが分からないと相手の感情は動きません。お店のＤＭに感動しないのは私個人に宛てたものではなく、不特定多数の人に宛てたものだからです。

実際、「今年は年賀状を三百枚出した」と自慢する方がいますが、文字を印刷して投函するだけであれば、まったくもって意味はありません。しかし一方で、送る人が大勢いる場合、いちいち手書きにする時間と労力がないケースがあることも事実です。

そんな時は、文面のテンプレの部分は印刷しつつも、一枚一枚にこんな手書きの文章を載せてみてはどうでしょうか。要は、◯◯と空いている部分を、その人の名前やその人しか知り得ないエピソードにするのです。

「◯◯さん、去年の◯◯はとっても楽しかったですね。今年はどんな楽しいことを◯◯さんとご一緒できるかと思うとワクワクします」

これなら時間を短縮することができますし、直筆と同じ気持ちも伝わるので、相手に悪い印象は与えないでしょう。

## 物を贈ることの絶大なる効果

「人と会うときは手ぶらで帰すな」

銀座ホステス時代にママに言われたことです。私は今もそれを守っていますが（97ページ参照）、実は「手ぶらで帰らせない」（手ぶらで行かない）というのは、一部の企業戦士との共通点でもあります。例えば、某大手芸能事務所や某大手キャラクター会社の社員はそのような教育を受けているそうです。

中でも後者の大手キャラクター会社の社員は、スーツを着た真面目そうな方々のバッグには必ずメインキャラクターのぬいぐるみが入っているといいます。営業先をはじめ、行く先々で出会った人たちに渡すことで、宣伝になるのはもちろん、相手に喜んでもらおうという意図があるようです。

## 贈り物によって自然な会話が生まれる

私は男性と接するとき、「貰うより贈る」をモットーにして行動しています。何かを貰って不快に思う人はいませんし、贈ることで私自身も心が豊かになる。相手がおじさんではなかったとしても「この人の喜ぶ顔が見たいな」と思いながら、いろいろ想像する時間は楽しいものです。

一方で、仕事につながる贈り物もあります。私が経営する会社は文房具の販売企画を行う部署があるのですが、前述の大手キャラクター会社の社員と同様、男性と会った際、必ずそれらの商品を手渡すようにしています。

「君のところは最近、文房具作ってんのか」

「そうなんですよ。これ、ちょっと見てくださいよ」

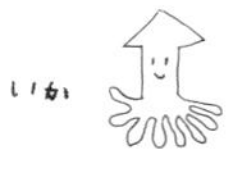

贈り物をすることでそんな自然な会話が生まれたりします。

## バレンタインデーのチョコと一緒にその人の好きなものを同封する

銀座ホステス時代から現在まで、贈り物で大変なのはバレンタインデーです。普段からお世話になっているおじさんたちにはやはり、チョコレートをお送りしなければなりません。当たり前の話、安っぽい義理チョコを送ることはNG。一時期は、バレンタインデーの贈り物に数十万円かかることもありました。

大変なことは他にもあります。私の場合、チョコといっしょにその方の好きなものを同封しているため、毎回その人の好きなものをリストアップして、商品の買い出しに行くのです。例えば、ハンカチであったり、ネクタイであったり。一人一人の好みや特徴をきちんと記憶しておかなければならないから一苦労です。

でも、贈ったぶんは必ず返ってきます。バレンタインデーの場合は「今年は誰にも貰えないと思っていたけど、セリーナから貰えて良かった」というメッセージを送ってくれる人もいれば、秘書からお礼状が届くこともあります。何より、何かを贈ることでその方と連絡をとるきっかけになるじゃないですか。これもまた贈り物の効能の一つです。

## 十数年後に再会した大手デパートの役員に、「そう言えばこれ覚えてる?」

他にもこんなことがありました。

ホステス時代のお客様に大手デパートの役員の方がいました。その方のオフィスにお邪魔した際、机上に置いてある文房具が乱雑に散らかっていたので、私はそれを見て、ペン立てを買って贈りました。当時は何気ない気持ちでしたことなのですが、後に思わぬ効能を生んでいたことがわかるのです。

それから十数年後、その方と久しぶりに再会したところ「そう言えば、これ覚えてる?」と、ペン立ての写真を見せてくれたのです。つまりペン立てがあることによって、その方は十年以上、私のことを忘れなかったことになります。このように、贈り物は人と人とを繋げる強力なツールなのです。

## 自社のタオルを贈った相手が、社内外問わず宣伝してくれて

あるときは、大手流通会社取締役の方にタオルを贈ったこともありました。このタオルは大変品質が良いことで有名なもので、当時、私はこのタオルを自社製品として販売もしていたのです。当時、その方とお会いした際に、宣伝もかねて、「これよかったら」とタオルをお渡しした

のでした。

するとと、その方はタオルをもっと欲しいと言ってくださり、社内外問わず、様々な場所で、「セリーナさんがくれたこのタオルなんだけどさ、本当に気持ちよくて毎日使っているんだよね」と、宣伝してくださり、結果、私の会社のタオルのオーダーが増えたことがあるのです。まさに贈り物の効果ですね。

## 夢を贈る さりげないプレゼント

前項で、モノを贈る行為はご縁に繋がるということをご理解いただけたと思いますが、もちろん、何でも贈れば良いというわけではありません。銀座ホステス時代のママからは「とにかくオリジナリティのあるモノを贈りなさい」と常々言われていました。中でも、私がプレゼント選びで特に意識していたのは、相手の男性に「喜んでもらうこと」「夢を見てもらうこと」「さりげないこと」の三つです。

今回は私の経験上、おじさんにプレゼントを贈って、特に喜ばれた二つのエピソードを紹介したいと思います。

## 割れていたポットから球根を救い出した男性の優しさ

一つ目は、デパートの園芸コーナーに売っていた球根セットです。お洒落なポットに球根が植えてあり、水を注ぐことでヒヤシンスやチューリップを育てるという物です。ホステス時代、私はそのセットを三十人ほどのお客様に贈ったことがあります。球根から力強い葉が何本も生え、やがて中央の茎がすくすくと伸びていき、季節が変わる頃には色とりどりの花を咲かせるのです。その間、お花を見る度に私のことを思い出してくれたら嬉しいな、という思いがありました。ところが、アクシデントがありました。郵送に不備があったのか、とある企業の部長さんの球根のポットが割れていたのです。ただ、結果的にこれが良い効果を生みます。部長さんは、割れていたポットから球根を救い出し、別のポットに入れ替え、毎年、花が咲くように手入れしてくださったのです。部長さんの優しい気持ちのおかげで花は生きながらえたのでした。

それから時を経て、取締役に昇進した当時の部長さんは、今でも「あのとき贈ってくれたポット、割れてたよねー。でも、球根の贈り物なんて珍しかったから嬉しかったなぁ」と話題にしてくださいますし、「今年も咲いたよ」と、毎年その種から咲いたヒヤシンスの写真を送ってくれます。ポットが割れたからこそこんな風なほっこりした会話ができるのかと思うと、あの時に球根セットを贈って良かったなと感じるのでした（ちなみにこの方とは、私が起業した現在、お仕事でもご一緒する仲です）。

## 年末ジャンボ宝くじをプレゼントしたら、100万円当たった⁉

私は銀座ホステス時代、直筆の手紙に宝くじを同封して送ることがありました。それも好評でした。年末ジャンボ宝くじは一枚300円ながら、当たれば何億というお金になるので、当選発表されるまでの間、「もしかしたら…」と楽しむことができるからです。楽しみながら、あげた私のことも思い出してくれたらこんなに嬉しいことはないとの思いがあったのですが、正直、当たるとは思ってはいませんでした。

驚いたことに、そのまさかが起きました。ある方は「セリーナがくれた宝くじで10万円当たったからお店に来たよ」と話していましたし、別の年には「100万円当たったたからカジノに行ってきて、さらに儲かったから来たよ」という方もいました。単純な私は「すごい！」「うれしい！」と一緒になって喜んでいました。

でも、いま考えれば、それは粋なウソだったかもしれません。当たったよ、ということを口実にして、お店に来てくださったのでしょう。夢を贈りたいと思って宝くじをプレゼントした私に対して、さらに夢を見させるためにウソをつくなんて素敵ですね。

## 〝怒るオヤジ〟の対処法

一般的には、銀座ホステスと言えば、男性からモテて、蝶よ花よともてはやされているイメージがあるかもしれませんが、銀座のお客様は基本的にホステスを「自分より格下の存在」と見ているのが現実です。そのため、理不尽なことで怒ることはあまりなく「まぁ、ホステスだから仕方ないか」と大甘の対応をしてくれることが多いものです。

でも、一般社会に出てみると、理不尽な理由で相手の男女問わず怒り狂うおじさんがいますよね。本当は自分が悪いのに、それを相手のせいにして、怒鳴り散らすようなタイプです。そんな〝怒るオヤジ〟に運悪く捕まってしまった場合、あなたならどう対処するでしょうか。

### 相手は自分が悪いことをわかっている

一番やってはいけないのは、彼らに対して「でも、こう言いましたよね」と正論をかざすことです。特に、相手に負い目があるときには正論をかざしてはいけません。火に油を注ぐとはこのこと。相手は自分が悪かったと非を認めるどころか、余計にあなたを責め立てることでしょう。解決策は、あなたの方が大人の対応をすることです。相手に対して反論したりせず、ただただ怒りが収まるのを待つのです（これは決して読者に我慢しろと言ってるわけではありません）。場合によっては、「そうですね」「わかります」と相手に同調することも必要でしょう。

彼らの深層心理としては、意見を求めているわけではなく、同じテンションのイエスマンを求めているのです。怒る相手に合わせて、自分もアタフタしてあげることが大事……といっても、ピンと来ない方もいるでしょうから、数年前、私が会った〝怒るオヤジ〟の例を紹介しながら、その対処法を記していきましょう。

## 〝怒るオヤジ〟と同じ目線に立ち、一緒になってアタフタする

その〝怒るオヤジ〟は、50代の会社役員Xさんという方です。当時、彼からは、私が手掛けている女性アーティストをイベントに呼んでくれる、というお話をいただきました。仕事として問題もなかったので、お引き受けしたところ、イベントを進めていく過程で、彼の逆鱗に触れる出来事が起きました。

このようなイベントでは、アーティストのスケジュールを調整する必要があるので、私は事前にNGの日時をお伝えしておいたのですが、Xさんは私の事前連絡を忘れ、NG日にイベントの

予定を入れてしまったのです。つまり、私とアーティストが予定が入っていて動けない日に、イベント開催日が設定されてしまったということ。私が「ごめんなさい。先日申し上げた通り、その日はすでに（別のお仕事の）先約をいただいています」と話したところ、Xさんは「もうイベント実施の手配も取ってしまったのに！」と怒り出しました。

思わず、「事前に言っておいたじゃないですか」という言葉が口から出掛かったものの、私はそうは言いませんでした。押し問答をしても前に進みません。逆にもっと意地を張ってしまうでしょう。そう考えた私は、彼の心理を想像しました。

（おそらく、Xさんはスケジュールを聞いていたにも拘わらず、そのことを忘れてイベント日程を組んでしまった自分自身に腹が立っているんだな。当たりどころがなくて私に当たり散らしているんだな）

つまり彼は、振り上げた拳の下ろし方が分からなくなっているのです。そんなときには「困りましたねぇ」の一言が効果的です。彼を突き放すのではなく、自分もアタフタすることによって、同じ立場であることをアピールするのです。私は言いました。

「困りましたね……。どうにかしないといけません。私に何ができますか？」

そうお伺いした上で「もう一度私のほうもスケジュールを確認してみますね」と言いました。でも、実際は予定を動かせないということは分かっているので、そこは嘘も方便。確認したフリをしてから、改めてXさんに「いろいろ調整したのですが、やっぱり予定は動かせませんでした」と伝えると、Xさんは納得し、ようやく別のスケジュールを出してくれました。

つまり、こういう事態になったときには〝怒るオヤジ〟と同じ目線に立ち、一緒になってアタフタすることが大事なのです。相手の〝テンション感〟に合わせながら、「大変だ！　大変だ！」と一緒にあたふたし、いま一緒に困っている仲間であることをアピールすることによって、相手も冷静になってくれる。逆に自分の正当性を主張することは、火に油を注ぐだけで得策ではないので、控えた方が良いでしょう。

## 自分の不手際で相手を怒らせてしまった時の対処法

前項は、理不尽な〝怒るオヤジ〟の対処法を解説しましたが、ときには自分自身のミスで仕事相手の男性を怒らせてしまうことだってあるはずです。ちょっとしたボタンの掛け違いや連絡ミスが大きなトラブルを誘発してしまうことは珍しくありません。

そんなとき、あなたはどういう行動を取りますか。

即座にメールで謝罪文を送信する。上司に報告し、一緒に謝ってもらう。恐る恐る電話をか

け、誠心誠意謝罪の言葉を告げる――こんなところでしょうか。

しかし、事態が深刻であればあるほど、いずれも不正解ということになります。実は、もっとも短期間でスパッと事態を収める近道は、自分一人で直接、相手に会って謝罪することなのです。

## 同じ人間なのだから会って話せば理解してもらえる

若い女性は大抵、怖がりです。「わざわざ会いに行ったら余計こじれそう」「怒り狂うおじさんの相手をするなんて恐ろしすぎる」と、いろいろな理由を付け、会うことを避けたい気持ちは分かります。

でも、心配しなくても大丈夫。相手だって人間。「所詮は人」なのですから。例えば、私が好きな田中角栄さんは生前、「一対一での説得ならば誰にも負けない」と豪語していましたが、その根底には、やはり「所詮は人」ということが念頭にあったように思います。相手も同じ人間なのだから会って話せば理解してもらえる、という自信です。

話を戻すと、あなたの不手際で仕事相手の男性を怒らせてしまった場合、直接電話でアポを取り、早めに会いに行くことです。もちろん会社組織の人間としては、まず上司に報告するのが筋なのでしょうが、相手の怒りを静めるためには、ときにスタンドプレーが必要なケースもあることを覚えておきましょう。

## トラブルがきっかけで、さらに深い関係が生まれることも

では具体的な謝り方を記しましょう。まず相手に電話をかける際は、平身低頭しつつ、次のように言いましょう。

「今回は私の不手際でご迷惑をかけてすみません。直接お会いして謝罪したいのでお時間ください」

先方と直接会ったら、とにかく相手の怒りのガス抜きをすることが大事です。相手のおしかりを真摯に受け止めながら、ひたすら時間が過ぎるのを待つのです。その際、相手の言葉を聞き流しながら「所詮は人」と呪文のように唱え続けると気が楽になるでしょう。いずれこの怒りも治まるはずだ、と。

真摯に聞くことは別の効果を生む場合もあります。実際に先方の怒りが治まった時、素直な姿勢を気に入ってもらえれば、相手は今よりあなたを可愛がってくれるかもしれません。雨降って地固まるの喩えにもあるように、トラブルがきっかけで、先方とさらに深い関係が生まれるのはよくある話です。

事実、出世している男性ほど、自分自身も昔、取引先に謝罪に行った回数も多いはずです。

## 「所詮は人」と思えば、どんな相手でも緊張しない

「所詮は人」というキーワードは、謝罪のとき以外でも有効に活用できます。例えば、雲の上の立場にいる男性をスポンサーにしたいとき。相手が大物であればあるほど緊張してしまいそうですが、向こうも同じ人間だと捉えると、少しは気が楽になるのではないでしょうか。

あるいは旧態依然のお客様を説得し、新規ビジネスの許可を得たいときも、思い出すと良いかもしれません。難攻不落の交渉だって、相手が同じ人間である以上、可能性ゼロということは絶対にないのです。

私の口癖は「とりあえず会いましょう」です。なぜなら、会ってみないと何も始まらないからです。私も人、相手も人、どちらも所詮は人。同じ人同士が出会うことこそ人生の醍醐味なのですから、皆さんも様々な人と会っていきましょう。

# スナックのママのような存在になろう

深夜になると、仕事や会食を終えた帰りの男性方から電話がかかってきます。その多くは他愛

もない内容ですが、時には過激な内容を聞かされることもあります。

「うちの社長の不倫相手が株主総会に乗り込んできて炎上しちゃってさ」

「部下が親の介護を理由にどんどん辞めていくんだよね。まだ30代なのに……」

「この間、取引先の部長に告白されたんだよ。あの人、ゲイだったんだわ」

SNSなどで一方的に日常を報告してくる男性を「俺通信男子」と呼ぶようですが、それは若い世代に限ったことではありません。おじさんだって〝きょうの出来事〟はもちろん、その日に仕入れた〝すべらない話〟を報告したいのでしょう。

## 多くのおじさんは無目的な雑談が苦手

多くのおじさんは、雑談というものが苦手です。彼らはビジネスで相手と向かい合うとき、かならずゴール（話の着地点）を見定めて会話をしています。無駄なことばもなく、自分の持って行きたい方向に進める話術は見事なのですが、なぜか目的もなくだらだら続く雑談のような会話ができない方が多いように思います。特に、不特定多数の女性との雑談が苦手な印象です。

例えば、会社の仲間数人と夜のお店などに行って、彼らのテーブルに数名の女の子が付いたとします。遊び慣れた若い男性ならその場を仕切り、日常のどうでも良いような話で場を盛り上げるのに対し、会社の上司と言われる人ほど静かに飲んでいることが多い。私の経験上、何でもない会話のキャッチボールを円滑に進めることができる男性は、ごくごく一部ですよね。

## 「若い女性に話を聞いてもらいたい」という欲望

おじさんが雑談が苦手な理由は想像できます。

社会人生活30年以上。彼らはずっと仕事一筋で生きてきたわけです、遊んでいるように見えても実際は悲しいかな、奥さん以外の女性とはあまり触れ合ってこなかったのです。その唯一の女性である奥さんとも会話がないというケースもありますから、女性との雑談なんてほとんどしてこなかった方が多いのです。

でも、人生道半ばを過ぎ、時間とお金が身についた50代以上の男性には「若い女性に話を聞いてもらいたい」という欲望が生まれるようです。そんな彼らが電話してくるのが私の携帯なのですが、似たような女性は他にもいます。ちまたのおじさんたちの夜たまり場「スナック」のママです。

## すべてを受け止めてくれる優しい女性を求めてる

日本にはスナックという文化がありますよね。日本全国津々浦々、どこに行ってもカウンター

7～10席程度の小さな空間が用意されています。それは、おじさんにとっての晴れ舞台。普段は雑談をしない方でも、本当はママに話を聞いてもらいたいのです。

会社では仕事ができる厳しい人でも、内心は不安や自信のなさを抱えていたため、すべてを受け止めてくれる優しい女性を求めているようです（20ページ参照）。

一度仲良くなった男性に対しては、スナックのママになったような気持ちで接してみるとより良い関係が築けるかもしれません。

## 「〇〇さんのお気に入り」症候群

STEP2の最後には、会社の上司と親しくなったあなたが陥りやすい罠についてお話ししましょう。それは、あなた自身が上司を後ろ楯と考え、同僚たちに対して、「私は〇〇さん（上司の名前）に気に入られている」「何があっても大丈夫」と言わんばかりの上から目線の態度を取ってしまうことです。

私はこの現象を「〇〇さんのお気に入り症候群」と呼んでいます。

## 遠回しに上司の名前をチラつかせつつ、自分の意見をゴリ押し

あなたのまわりにも「○○さんのお気に入り」として一目置かれている女性社員がいませんか？　それは彼女の仕事ぶりが評価されているのではなく、彼女と親しい、あるいは後ろ楯である上司との関係が根底にあるからです。彼女たちは、周りから「あの子には逆らわないほうが良い」と陰で恐れられていることを意識するうち、いつしかそれが当たり前になり、やがて他人と自分は違うと考えるようになるのです。

そして、徐々に周囲に対して尊大な態度を取るようになっていきます。さすがに周囲の人間をアゴで使うようなことは少ないとはいえ、仕事上で自分の思い通りにならなければ、「○○さんにも意見を聞いてみましょう」「○○さんも交えて会議をした方が良いのでは？」などと遠回しに上司の名前をチラ付かせつつ、自分の意見をゴリ押ししたりすることもあります。結局、周囲の人間は○○さんの影を感じて彼女に従わざるを得ない――。まさに虎の威を借る狐ですね。

でも、そういう女性の栄華は長くは続きません。後ろ楯の上司が彼女より遙かに年齢が上である以上、その上司は自分より早く退社しますし、会社の方針によっては、その上司と入れ替えで若い世代の実力者が同じポジションに就任するかもしれません。常に新陳代謝が行われるのが会社組織というもの。そうなれば、その女性も一気に権力を失います。上司のお気に入りということが存在意義だった彼女は、実力のない平社員となるのです。

## 「私ともめないほうがいいよ。あの人（会長）出てくるから」

例えば、銀座ホステス時代には、こんなことがありました。

同僚ホステスのC子はある大きな組織の会長の愛人をしていました。それだけなら水商売の世界では珍しいことではないのですが、もともと地味な存在だった彼女は、会長と知り合ってから、こんなことを言いたそうな態度を取るようになったのです。

「私ともめないほうがいいよ。あの人（会長）出てくるから」

長いものに巻かれるホステスやボーイは、みな彼女には逆らえません。それ相応のお小遣いをもらっているのか、みるみるうちに服装も派手になっていきました。

ところが、それから1年後のことです。彼女は会長と〝破局〟。おそらく、彼女の勘違いした態度に嫌気が差した会長が彼女を捨てたのです。以降の彼女は惨めなものでした。それまでは〝会長の女〟として取り巻きからもチヤホヤされていた彼女のまわりからは人がサーッと去っていきました。

当然、太客（大金を使ってくれるお客様）を失ったお店だって痛手は大きかった。今まで上から目線で扱われてきたホステスやボーイは手の平を返したように態度が変わります、結局、全盛期には雇われでもママにまでなった彼女は、最終的には有名クラブを去り、オーナーママの経営のお店からはランクが下がる、チェーン展開のクラブのヘルプホステスになってしまいました。

ワイン

彼女が昇っていくところから落ちていくところまでをはたから見ていた私は「やっぱりね」と思ったものです。

時間は前後するのですが、彼女の転落の流れを簡単におさらいしておきましょう。

もともと彼女は有名大学を卒業後、大手企業の社長秘書として働いていた才女でした。昼間働きながら夜の世界に足を踏み入れ、会長と知り合ってからというもの、会長のお金でホステスとしての売上も上がったことで、彼女は自分自身が本当にステップアップしたかのように勘違いしてしまったのです。

その後、彼女は会長と交際し、マンションを与えられて間もなく、大手企業を退社。ところが、会長と別れた後は、会長名義の豪華な住まいも、お店の売上もすべて失いました。それは、会長は自分からは離れないという彼女の思い上がりが招いた悲劇でしょう。

## 虎の威を借るのではなく、自分自身を磨いて価値を上げる

それでは、彼女は何に気づけば良かったのか。あなたも自分の身に置き換えながら考えてみましょう。

まず素敵な彼と付き合っても虎の威を借るだけの女性になるのではなく、自分自身を磨くことで価値を上げ、彼に相応しい女性になるように努力すべきだったのです。会社の場合は、自分の

後ろ楯になってくれる上司がいるからこそ、自分が他の人よりも仕事ができるようになることが大事です。

さらには、人気商売のホステスである以上、たくさんのお客様に好かれるよう努力するべきだったのです。これは、一般の会社ならば、たくさんの上司や同僚、取引先の人たちに評価してもらうことでしょうか。つまり、肩書や属性ではなく、もっと「私個人」がステップアップしなければいけないのに、彼女はそのことに気づけませんでした。

女性の社会進出が当たり前の世の中とはいえ、まだまだ世の中は男性社会であるのも事実です。だから時には、男性の力を借りなければ乗り越えられない一面もあります。でもそれはあくまで、自分自身で立っているということを前提としていて、男性におんぶにだっこという意味ではありません。男性をよく理解し、力になってもらうことで自分自身を高めていきたければ、まず自立した女性でいてください。

STEP 3

# おじさんの力を借りよう

# おじさんから「何が食べたい？」と聞かれたとき、どう答えるか

92ページでおじさんからディナーに誘われた時のマナーについて記しましたが、今回はその応用編です。ずばり、おじさんから「何が食べたい？」と聞かれた時、どう答えるのが正解か、です。

実は、私はあまり食べ物にこだわりがありません。仕事上の会食の予定がない日は家に置いてあったお菓子だけを食べて過ごすということも少なくありません。

でも、男性から「何を食べたい？」と聞かれたときには、食べたいものをはっきりと答えるようにしています。なぜなら「何でも良いです」と答えられると、どんな店に連れて行って良いのかがわからなくなり、誘った男性が困ってしまうからです。

## 相手を困らせないためには、料理を具体的に言おう

では、男性が困らない答え方を考えてみましょう。

例えば、若い女性はよく「さっぱりしたものが食べたいです」「ヘルシーなものがいいです」と言い方をしますよね。確かに女性らしい答えですが、このような言い方は範囲が広すぎるため、結局、何が食べたいのかイメージできません。男性だって「どうすりゃいいんだ」と迷いますね。

困らせないためには、お料理を具体的に言ってみることです。例えば私の場合、普段からジムに通ってトレーニングしているので、筋肉をつけるために外食の際は赤身肉を食べるように心がけていて、それを会食の相手に伝えて、気の利く男性側が合わせてくれて、赤身のおいしいお店に行くことになる――という形です。

## 具体的な店名を言うのはNG

でも、具体的な店名を言うと途端に図々しくなってしまうので注意が必要です。銀座ホステス時代には「『ハマ』のステーキが食べたいわ」「『うかい亭』の鉄板焼きがいいわ」などとお客様にアピールする女性がいましたが、男性は内心「この女、あつかましい……」と思っていたに違いありません。

おじさんには、上手に食事のおねだりをしてみてください。もしあなたがどうしても行きたいお店があるなら、〝赤身のお肉が美味しい〟〝静かで雰囲気が良い〟〝なかなか予約が取れない〟など付加価値を付けることで、おじさんにも「ぜひ行ってみたい」と思ってもらうことが大切です。

本当に美味しいレストランを経験すること。〝ホンモノ〟の味を知るということ。そうして培った〝経験値〟は、あなた自身の血と肉になります。それはあなたを大人の女性に成長させ、きっとあなたの人生を豊かにしてくれるでしょう。

## 高級なお店にも慣れなさい、という無言の教え

余談になりますが、銀座ホステス時代、私が初めて同伴で食事に連れて行っていただいたのは、ある有名デパートの役員でした。「何食べたい？」と聞かれ、当時20歳そこそこの私は「マック」と答えました。「マック食べたいのは分かったけど、銀座なんだから美味しいところあるから」と半笑いで言われ、連れて行っていただいたのは銀座5丁目にあったイタリアン「サバティーニ」でした。店に入った瞬間、「こんな素敵なところがあるのか」と心底感動したことを覚えています。

そのとき、私はなぜそこに連れて行かれたのかがわかったのです。気兼ねなくパッと行けるマクドナルドはプライベートでは良いけれど、これから私は日常的に「サバティーニ」くらいのハイクラスなお店に出入りしている方々を接客しなければいけないのだから、高級なお店にも慣れ

なさい、ということを、田舎から上京してきたばかりだった私に無言で教えてくれたのでしょう。そのお客様には、今でも感謝しています。

## おじさんのコネを利用したい

私が懇意にしているアミューズメント会社役員の男性と食事をした際、その方は「吾輩はコネである」と言って、笑ったことがありました。猫ではなく、コネ。それなりの立場になれば、周囲には多くの信頼できる仕事仲間がいますし、その仲間同士で仕事を回し合うのもよくあることです。

良くも悪くも、「すべての仕事はコネで成り立っている」というのは、この日本の社会風土では当然のことです。

### 〝癒着〟しなければ充実した仕事はできない

私はあまり人脈という言葉が好きではありません。辞書を引いてみると、人脈とは次のような意味だと書かれています。

「人脈――山脈・鉱脈などになぞらえた語。ある集団・組織の中などで、主義・主張や利害などによる、人と人とのつながり」（大辞泉）

単なる人と人の繋がりに、いったい何の意味があるのでしょうか。〝人の脈〟を越え、一心同体の〝癒着〟にならなければ充実した仕事なんてできません。公務員と民間企業の〝癒着〟が問題になっていますが、営利団体である民間企業にとって仕事とは〝いかに癒着するか〟に尽きます。

ある出版社の創業者社長が、こんなことを話していました。

「〝癒着〟というのは圧倒的努力をした者同士によるギブ・アンド・テイクなんだ。しかし、カードを一枚も持っていない人間が誰かと〝癒着〟することは不可能だ」

的を射ていると思いませんか。〝癒着〟することがギブ・アンド・テイクなら、癒着する側だってそれなりの努力が必要なのです。手持ちのカードがなくなったら関係は早々に癒着は終わるわけですからね。

それは、お互いがお互いを必要としていて、お互いが結果を出すという良好な関係のことを指します。92ページではパーティや異業種交流会で名刺交換に励む女性について書き記しましたが、そのような表面上のお付き合いしかできない場では到底、深い関係は築けないでしょう。

## 自分では無理でも、上から頼めば何とかなる

あなたとおじさんの関係について考えてみましょう。

おじさんにとって、若い女性との関わりは活力の源。若い女性と接するだけで楽しいのはもちろん、仕事の面でも若い世代の発想からインスピレーションを得ることもあるでしょう。

では、男性はあなたに何をしてあげられるか。それは自分自身のコネを紹介することかもしれません。例えば、あなたがどうしても開拓したい取引先があったとして、そこに知り合いがいなければ、男性を通じて誰か有力な人を紹介してもらう、といったことができるのです。

若い女性では先方企業に相手にされなくても、上から頼めばどうにかなるケースがよくあるのが現実です。おじさんとしても、自分のコネを紹介したことであなたに喜ばれたら嬉しいですし、そこであなたが良い仕事をすれば自分の株も上がります。まさに「吾輩はコネである」。

## 「紹介してください」とは言わない

女性側から「○○さんを紹介してほしいんです」と直接的にお願いするのは、なかなか勇気がいることでしょう。おじさんのコネを利用するということは、利用する側もそれに見合った仕事ができないといけないからです。

そこで重要なのは、その男性とあなたの〝癒着〟(もちろんこの癒着は愛人関係のことではありません)が成立しているという事実です。

誰かに誰かを紹介するという行為は、後にトラブルが起き、面倒なことを背負うリスクを伴います。そのため「この子に紹介してもそういうことにならないな」という安心感がないと紹介は困難です。

しかし、自分とおじさんの〝癒着〟が成立していれば、そのようなリスクがあったとしても、気持ち良く紹介してくれるはずです。逆に言えば、〝癒着〟の関係が築けるまでは「紹介してください」とは言わないほうが良いでしょう。

## 自分一人の力でどうにかしようとしない

少し話が逸れますが、私は現在、二つの会社の経営をしています。一つは、文房具の製造販売をする会社。もう一つは、タレントのマネジメント事務所です。特に前者は文房具の企画製造といっても、自社で工場を持っているわけではないので、外注先に商品を作ってもらい、直接販売したり、卸先に販売します。工場と卸先、お客様がいなければ成り立たない仕事なのです。

そういう会社を経営していると、「自分という人間は何も持たない無力な存在だ」ということに気付かされます。私自身、アイデアは出しますが、新しい商品を作るにしても、デザインはデザイナーに、製造は工場にというように、周囲を巻き込んでいかなければいけないのです。

そこで大切になってくるものの一つは、おじさんのコネの力です。仮に私の力ではどうにもならないことがあっても、おじさんのツテを辿れば、どうにかなるのはよくあること。あなたの場合も、もし仕事で壁に突き当たったら、自分一人の力でどうにかしようとせず、使えるものは何でも使うくらいの心構えが大切なのではないでしょうか。

## 「紹介者を立てる」おじさんのコネを使う時の注意点

私は日々、おじさんの紹介で様々な方とお会いします。仕事につながるときも、そうでないときもありますが、おじさんの紹介で誰かと関わる際、一つ注意するべき点があります。それは「この人を紹介してくれたのは誰か」ということを常に頭に入れ、紹介者を片時も忘れてはいけないということです。

## 紹介者を飛び越えてビジネスをしてはならない

例えば、AさんにBさんを紹介してもらったとします。AさんがBさんをあなたに紹介してくれたのは、善意から。あなたとBさんが仕事を一緒にするようになれば、Aさんにとっても嬉しいことに違いありません。

実際、Bさんからはあなたのもとに「ぜひ仕事を一緒にしたい」という連絡があったとします。あなたとしても、悪くない条件なので、ぜひ引き受けたいと考えるでしょうが、ここで忘れてはならないのが、紹介してくださったAさんの存在です。

Aさんは今回のビジネスに関して、まったく関係がありません。つまりあなたとBさんのやり取りになるのですが、その場合、Aさんを飛び越えてBさんと直接ビジネスを始めることは絶対にダメです。Bさんとビジネスをしたければ、必ずAさんに「Bさんとお仕事をしたいのですが」とお伺いを立てなければなりません。

もともとAさんはあなたと仲の良い男性です。繰り返しますが、彼はあなたの役に立ちたいからこそ、Bさんを紹介してくれたことは間違いありません。

しかし、自分を飛び越えて話が進むと良い気分がしないのが人間というもの。せっかく紹介したのに自分に報告しないとは何だ、と腹を立てることもあります。従って、いつも目線はAさんのほうを向いていなければいけない――。

ビジネスをする上では、この相関図を常に頭に思い描くことが大切です。Bさんと仕事を始めることになっても、それはAさんの協力のおかげであり、あなたにとって一番大事なのはAさんである――。これを間違うと、人間関係は一瞬にして崩れます。「紹介者を立てる」というのは絶対です。

話を戻すと、Aさんには、「Bさんに会った」「Bさんが何かしてくれた」「Bさんとこういうビジネスの話が進行している」など、Aさんが「もう直接やっていいよ」というまで報告を続けることが大事です。こうして初めて、あなたとBさんは直接、仕事ができることになるのです。

## お客様の「係」になったら、枝の売上も全て自分のものに

この紹介者を立てるマナーは銀座のシステムとよく似ています。

銀座では、ホステスはお客様の「永久担当」(「係《かかり》」という)です。最初にお客様がやってきた際、Aというホステスを自分の「係」にしてほしいと店に言ったら、そのAというホステスが一生担当します。お客様も別のホステスに指名変えをすることはできません。

加えて、そのお客様が知り合いを連れてやってきたとしても、彼らが支払った料金は永久担当のホステスの売上になります。テーブルで五、六人が飲んでいたとしたら、それはすべて永久担当の売上としてカウントされるのです。

さらに、お連れ様（いわゆる枝）が他のホステスを指名したとしても、永久担当の売上になります。枝が来店したきっかけは最初のお客様なのだから、そのお客様の永久担当の売上になるのがルールです。このシステムを銀座では「係」、関西では「口座《こうざ》」と呼ぶようです。

## 最初に味方につける上司をどう選ぶかが大事

銀座のホステスは、常に最初のお客様を中心に考えます。前記したように、最初にそのお客様が自分を指名をしてくれたら、枝の売上も含めて全部、自分のものになるので、自然と最初のお客様が大事になってくるからです。

ですから、たくさんのお友達を連れてきてくれるお客様は重宝されます。例えば、接待などで何人ものお客さんをよく連れて来る場合、自然と自分の売上もあがるからです。もちろん、一人で来られる方もきちんと接客いたしますが。

よく考えると、これは社内の人間関係に似ていますね。仕事がデキる上司を味方につければ、たくさんの人を紹介してもらえて、自分の仕事の成果も変わってくるのですから、最初に味方につける上司をどう選ぶかが大事だということになります。

## ホステスはコミュニケーションをスムーズにするツール

せっかくなのでホステスという存在についても簡単に書いておきます。

私の係は、接待などで店を利用する企業の方がほとんどでした。幸運なことに、一人のお客様がたくさんのお客様を連れてきてくださったのですが、お連れの方がいる場合、ホステスとしてはその上下関係を瞬時に見抜く必要があります。

また、接待の帰りなどで、部下を連れてお見えになる場合は、上司とコミュニケーションが取れるよう、部下をティーアップする必要があります。もちろん、上司のことだけ持ち上げればいいわけではなく、部下の方も大事なお客様として接しなければなりません。

ホステスたちは、このような場で、お客様の話に相づちを打ったり、ときに冗談を言ったりするのが大事です。有名な銀座伝説の中には、大企業の経営者や政治家にアドバイスするホステスが登場しますが、私の見てきた実態はやや違います。

銀座のホステスは、男性だけだと固くなってしまう場を和ませ、コミュニケーションをスムーズにするツールなのです。

## 起業で感じたおじさんのシビアな一面

普段は優しいおじさんでも、ビジネスの話になると、途端に厳しい目になるものです。それは、仕事がデキる男性の生態でしょう。銀座ホステスを辞め、会社経営を始めた頃、私は彼らのシビアな一面を目の当たりにしました。

### 銀座時代のお客様の部下から散々ないじめを受ける

私が『会社四季報』を片手に営業電話をかけまくる毎日を送っていた頃、飛び込み営業をする一方で頼りにしたのは、銀座ホステス時代に知り合ったお客様でした。彼らの中には、大企業の要職に就かれている方も多いので、そのコネを使えば仕事が得られるかもしれない、と考えたからです。

そんな中、某大手映画会社の部長に相談したところ、映画のキャラクターグッズを商品化する仕事があるということで、そのプロジェクトチームの部下たちを紹介してくれました。私の主な仕事は、その大手映画会社にお客様を紹介すること。部長からの有り難いお話に、私が張り切って仕事に臨んだのは言うまでもありません。

それ以降、私はその大手映画会社に出入りするようになりました。プロジェクトチームの方々と会議を重ね、良い商品作りを目指す毎日。私としては自分なりに頑張っていたつもりなのですが、ここで思わぬことが起きます。私は部下の女性たちから散々ないじめを受けたのです。

「ちゃらちゃらした服装でうちの会社に出入りされては困ります」「メールの文面がなっていない」など、私の全てが気に入らない様子です。いま考えたら、彼らの上司である部長の、銀座のクラブから引き抜いてきた正体不明の愛人だと思われたのでしょう。でも、当時の私はそんな目で見られていることには気付かず、「なぜこんなに感じ悪いんだろう」と思っていました。

私は悲しくなって商談中に涙を流してしまいました。私は一生懸命やっているのに、私はお客様を紹介してあげているのに、感謝こそされても、どうしていびられなきゃいけないんだろう。しかも私は彼らの部下でもなんでもないのに……そんな思いが溢れてきました。

私は家に帰っても悔しくて、部長に「私、おたくの部下の女性たちにいじめられてるんです」とメールを送りました。でも、部長は一切無視で味方に付いてくれませんでした。ホステス時代はすごく優しくしてくれた方だったので、ショックでした。そのときは「なんなんだよ。今までずっと優しかったのに、なんで仕事になるとそんなに厳しいんだよ」と恨みました。

でも、いま考えると、彼の行動はビジネスマンとしては正しいのです。ビジネスの世界は本当にシビア。部長が部下を紹介してくれた時点で、私はビジネスの土俵に立ったわけですから甘えは許されません。お互いが自立して仕事をしなければならなかったのです。

## ビジネスウーマンは泣いてはいけない

実は、この話にはもう一つのエピソードがあります。時間は前後するのですが、場面を商談中に泣いてしまったシーンに戻しましょう。

この時、私はいったん退席し、当時、会社で雇っていた女性秘書（銀座時代のマネージャーで、一般企業に勤めた経験のある女性）に電話をかけ、泣きつきました。私としては、社長が理不尽ないじめに遭っているのですから、せめて彼女だけでも味方になってほしい、という気持ちがありました。

ところが、彼女はこんな風にアドバイスするのです。

「ビジネスウーマンは泣いてはいけません、絶対に。ビジネスシーンで女が泣くのは反則です。今すぐ顔を洗って、泣かずに商談を終わらせるべきです」

当時は、秘書と電話で話しながら、なぜ私がよその会社でいじめられているのに私の味方をしないのかと秘書を腹立たしく思いましたが、でも彼女の方がビジネススキルが高いことも理解していたので、とりあえず涙をこらえて商談を終えました。

その後、彼女に再び電話をかけ、なぜ私の味方をしないのかと言うと彼女は、昼間の仕事の現場というものは、今日、社長が経験したようなことが起こるのが普通。だからいちいち腹を立てて、私は正しくて相手がおかしいということをわざわざ明確にするよりも、本来の目的である商品化を迅速に進めた方が、会社の売上につながる。個人的感情は捨てるべきだと言い放ちました。

釈然としないまま自宅に帰り、部長にいじめられている事実をメールしたところ、ホステス時代は優しかった彼が、まったく相手にしてくれなかったという前述の〝事件〟が起きたのです。ある意味、彼女のことばが正しかったことを証明する出来事が起こり、私は秘書のアドバイスを深く理解しました。

## 「ホステス時代の人脈があるから成功できたんでしょう」

いじめに耐えきれず泣いてしまったあの日、自分のオフィスに帰ると、秘書はこんなことを私に言いました。

「客を紹介したからといっても、相手が望んでいないのであれば大きなお世話にすぎません。大きな企業であれば、一つの仕事があってもなくても、会社を揺るがすようなことにはならないから、うちのような小さな企業の女性社長に頭を下げてまでお願いする立場になんて絶対なりたくないはずです。むしろ、部長の紹介で面倒くさいくらいでしょう。相手はあなたに客を紹介してもらっているのではなく、小さい会社と仕事してやっていると思っているはずです」

夜の世界でおじさんと話すスキルだけが上がり、世間知らずだった私は「じゃあ、もうあいつらと仕事しない！」と秘書に言いました。しかし、秘書は「やめるのも、やるのも社長であるあなたが決めたらいい。私はあなたについていくだけですから」と言ってくれたのです。しばらく考えて私は「やっぱりやらなきゃ」と思いました。彼女のためにも、社長としても、つらいことから逃げてはいけないのだ、と。

その後、私は彼らのいじめに耐えながらも、自分の仕事を全うしました。いま振り返ると、あの苦い経験を経て、少しずつ社員たちに「社長」にしてもらって今に至るわけです。あの時、それまで可愛がってくれていた私の泣き言を無視することで現実の厳しさを教えてくれたあの部長にも、とても感謝しています。彼とはいまだに年に何度も会って食事に行く仲です。

ホステス時代の私を知る方にこう言われることがあります。

「ホステス時代の人脈があるから成功できたんでしょう」

仕事はそんなに甘いものではありません。ホステス時代に仲良くさせていただいたとしても、仕事となればまったく別。一度仕事をして「こいつは使えないな」と思われたら、もう二度と便宜を図ることなんてしてもらえません。

仕事がデキる男性は私たちが思っている以上にシビアなのです。

# おじさんは女性にご馳走されるとカッコ悪い？

おじさんから食事に誘われたら、当然支払いは男性持ちになります。逆に、女性側から男性を食事に誘った場合には、どちらが支払うことになるでしょうか？ こちらもやはり、男性持ちになるケースが大半でしょう。結局のところ、おじさんはいつどんな時でも全部払ってくださるのです。

実際、いざ会計の段階になると、おじさんはトイレに行くふりをして支払いを済ませてしまったりします。あるいは会計の段階になり、「君はいいんだよ」と積極的に支払おうとするでしょう。いちおう女性もお財布を出すフリくらいはしますが、即座に「いやいや、いいから」と断られ、「ありがとうございます」とお礼を言うのがお約束になっています。

## 女性に支払わせるのはカッコ悪い

男性が女性にお金を支払わせない理由は簡単です。おじさんは、女性にご馳走してもらう（あるいはワリカンにする）ことに慣れていないのです。日本の社会風土には、目上の男性は目下の人間におごるという感覚があるため、それが当然だと考えている古風な方が多いからです。

それどころか、「女性に支払わせるのはカッコ悪い」と考えるおじさんも珍しくありません。勝手に女性が会計を済ませていると「俺を馬鹿にしているのか」と、本当にプライドが傷ついてしまう方もいるようです。つまり、若い女性はおじさんから「おごるよ」と言われたら、素直に従っておく方が良いということになります。

## 財布すら出さない女性の態度にイラッとする男性は多い

ここで問題になってくるのが、おごられる側の女性の態度です。

今の時代、男女間の経済格差はほとんどありませんし、まわりを見渡してみると、男性よりバリバリ働いて稼いでいる女性の方が結構います。「男性が支払う」というのは、女性が男性よりお金がないからではなく、男子たるもの女性に支払いをさせてはいけないという美学です。

ただ、男性としても、おごられる側の女性が〝払ってもらって当然〟と言わんばかりの雰囲気をかもし出すのは嫌なもので、事実、財布すら出さない女性の態度にイラッとする男性は多いでしょう。では、男性を嫌な気分にさせず、かつ喜んでもらうためには、どうおごられるのが良いのか？

## 女性から「お返し」すると言われたら、嫌な気分にはならない

私は「財布を出すフリ」という白々しい行為が好きではありませんが、そのかわり最大限の感謝の気持ちを伝えるようにしています。例えば、男性から何度かごちそうになった場合では、次のように言います。

「いつもご馳走になってばかりですみません。必ずお返ししますね」

ご馳走されるのが苦手なおじさんですが、女性から「お返し」すると言われたら、嫌な気分にはならないものです。私の場合は、五回に一回くらいは男性を自分のテリトリーのお店に招待することを心掛けています。

またあるときは、

「○○さんのおかげで仕事が決まったから今日はお礼がしたいんです」

おごりではなく「お礼」にすることで、プライドを傷付けないように相手を立てつつ、やはり自分のテリトリーのお店に招待します。

「とってもリーズナブルなお店で申し訳ないんですけど、居心地の良いところがあるんです」

そう言って、二人で1万円程度のお店に招待すれば、男性も喜んでくれます。

おじさんを自分のテリトリーのお店に招待する場合、彼らはあなたに高級店を期待しているわ

けではないので、普段使いのお店に連れて行くことが重要です。この五回に一回のおもてなしを怠らなければ、あなたと彼の関係はより強固になるでしょう。

## 芸能人やスポーツ選手は〝ごっつあん体質〟が多い!?

余談になりますが、少し目先を変えて、世の男性たちに注意を。

世の中には他人にご馳走になっても何も感じない〝ごっつあん体質〟の男性がいるのも事実です。彼らはお金持ちの先輩やパトロンなどから、メシでも行こうと誘われることが多いので、「自分はお客さんなのだ」という特権意識があるのでしょう。高い食事をおごってもらっても、「ごちそうさまです」の一言で終わりです。

特に、若手の芸人やスポーツ選手など、頻繁にお呼ばれする立場の方々はこの体質が染み付いている方が少なくないように感じます。確かに彼らは人気商売なので、呼んだ側も彼らを連れていることが一種のステイタスになります。彼らからすると、金持ちの自己満足のために付き合っているという感覚かもしれません。

しかし、あまりに当然のようにおごってもらっていると、ご馳走する側も不快になるでしょう。若い女性がおじさんにおごってもらう時と同様、相手との良い関係を継続するためにも、少しは気を遣うべきだと思うのですが、いかがでしょうか。

## 他人の財布をアテにする男性はカッコ悪い

以前お付き合いのあった方の中にも、他人のお金を最初からアテにして飲み食いをしている男性がいました。

その男性は毎週取引先を銀座のお店に連れてきては、上機嫌で「銀座っていうのは昔はこうだったんだけどな。変わったよなぁ」と〝銀座論〟を打ちながら、おごってもらうのです。さらに店内で面識のある会社経営者を見つけるや「そっちで一緒に飲んでいいよね？」と席に割って入り、高級ブランデーを自分のもののように飲んだりします。

この男性、過去には運転手付きの送迎車を付けていたこともありましたが、実際にはお金に困っている様子でした。ということは、自分のお金がないから、誰かをお店に連れてきておごってもらうのでしょう。自分の飲み代をやりくりできず、他人の財布をアテにする男性はカッコ悪いですよね。

もちろん、ホステスは彼のダサさを一瞬で見抜いています。それでも「〇〇さん、すごいですね」と、調子を合わせるのも仕事ですから、男性は嫌な気分にはならないでしょう。だからといって決して良い客だと思われていないことも忘れてはいけません。本書をお読みの男性の中に身に覚えがある方がいたら、ぜひ気をつけていただきたいものです。

## 「ねえ、聞いて。タクシー代をくれなかったの！」

もう一つ余談を。

銀座の常識で言えば、お客さんと会って一緒に店に出勤する「同伴」でも、お店が終わった後にプライベートで一緒に出かける「アフター」でも、食事は全部お客様の支払いでした。特に後者のアフターは、夜中から明け方になるため、帰りはタクシー代をいただくことが慣例でした。

ところが、ホステスを辞め、自分で会社を始めてからは、当然タクシーチケットなんてもらえません。今となっては笑い話ですが、起業後、初めて仕事の会食をしたとき、夜に終わったのに先方からタクシーチケットもタクシー代も渡されず、手ぶらで帰らされたことが不思議で、私は会食の直後、前述の女性秘書に電話で愚痴をこぼしていました。

「ねえ、聞いて。タクシー代をくれなかったの！」

彼女は私のグチを聞いて「一般社会では当たり前ですよ。銀座の常識は世間の非常識」とバッサリ。当時の私は、そのくらい一般常識とはかけ離れた場所に身を置いていました。

# お金の貸し借りが人間関係を強固にする

世間では「お金の貸し借りだけはしちゃダメですよ」と言われます。「お金の貸し借りは人間関係を壊す」という常識があるからでしょう。貸すくらいならあげた方がいい、というポリシーを持つ方も多くいらっしゃいます。

でも、私はお金の貸し借りは人間関係を壊すのではなく、縁を作るものだと考えています。お金を借りて、お金も恩もきっちり返すことで、信頼関係が生まれるからです。

## 所持金5円のピンチを救ってくれた大手デパート役員

銀座ホステスは、お客様へのお土産代や、贈り物代を自分の給料から支払います。その他、新調日という日が毎月あり、新しい着物やドレスを毎月必ず買わなければなりません。新調日には、新しい着物やドレスを買ったときの領収書を店に提出し、本当に衣装を新調したことを証明しなければなりません。経費の支出がかさみ、特に入店したての頃は生活が本当に苦しい時期がありました。

　そんなある日、お店が休みの土曜日にお客様（大手デパートの役員）から電話がかってきてランチに誘われた時、私は店の給料日前で財布に5円しか入っておらず、電車賃もなかったことがありました。私が「ご一緒したいのですが、電車賃も今はなくて、給料日後の○日に変更していただけませんか」と話すと、そのお客様は「とりあえずさ、タクシー乗っておいでよ。タクシー代は心配しなくていいから」と言ってくださり、指定場所へ行くと「これでしのいで」と言って、お金を貸してくださったのです。

「出世したらさ、俺にご飯おごってよ」

　お客様はそんなことを言っていましたが、大事なのはここからです。

　恐らくお客様は、この時点でお金を返してほしいとは思っていなかったはずです（事実、借用書はありませんでした）。自分のお気に入りのホステスがお金に困っているので、厚意で助けただけ。若い女性の中には、どうせ向こうもお金をあげたつもりなんだからと、返さない人もいるに違いありません。

　でも、それでは相手からの信頼は得られません。相手があげたつもりでいるからこそ、きちんと返済することで、しっかりした女性だとアピールできるのです。目先の誘惑に負けるのか、それとも将来的な信頼を取るのか。これによって、あなたの後の人生が大きく変わってくるのは言うまでもありません。

私は、金銭的に苦しい時期が一段落した頃、その方に借りたお金を返済すると同時に、約束どおり、あまり値段の高くないかわいらしい普段使いのお店でご馳走させていただきました。

## 事業の借金は1割の利子を上乗せして返済

その後、ホステスを辞め、自分で会社を始めることになるわけですが、資金繰りが苦しい時は、銀座ホステス時代にお世話になった方々にお金をお借りすることもありました。ここでまず覚えていただきたいのは、借金をすること自体は決して恥じる行為ではないという点です。

会社の場合、事業計画と返済計画というものがあります。その会社の事業の内容によっては、一時的に運転資金が足りなくなることがあるので、銀行などからお金を借り、計画的に返済していくのは日常的に行われていること。私の場合、たまたま貸し主が銀座時代のお客様だっただけです。

さらに返済の約束を守ることさえ徹底すれば、今まで以上に強固な人間関係が築けると思うのです。特に借金に利子をつけて、返済時に相手にもそれなりの利益が出るようにすれば、先方としても投資の対象となるぶん、お金を貸して良かったことになるでしょう。

私の場合も、お金を借りるときは、具体的に「どのようなことをして、いつ頃までにどのくらいの収益が見込めそうだから、この時期までにはお返しできます」とプレゼンをするようにして

いました。それを聞いた男性の中には、お金を貸してくださった方が何人もいました。

でも、年配の男性は大抵「(返済は)いつでもいいよ」と言ってくれるのです。多分、彼らは「貸した金は忘れろ、借りた金は忘れるな」ということが染みついているのでしょう。事実、皆さん「どうせ返ってこない」と思っていたようですが、私はいつでも1割の利子を上乗せして全部返済するようにしていました。

## おじさんたちが揃って返済を求めなかった理由

逆に、私が知人にお金を貸すことがあります。あなたの場合も似たようなことがあるかもしれませんが、そのときは、前述したように「あげたつもりで」いると気がラクでしょう。大金ではなく、返ってこなくてもあきらめられる程度の金額にしておけば、失っても大した痛手にはなりません。

実際、借金の取り立ては気が重い作業じゃないですか。そう考えると、私にお金を貸してくれたおじさんたちがそろって返済を求めなかったのは、彼らのポケットマネーの範囲であるのはもちろん、若い女性を借金返済で追い詰めたくないという彼らなりの優しさなのでしょう。これも〝おじさんあるある〟ですね。

最後に。前述のホステス時代に快くお金を貸してくれた大手デパート役員は、私の恩人です。スポーツ選手が一流になった時、恩師にその姿を見てもらいたいと考えるように、私も彼には今していることを知っておいてもらいたい。

そのため、ホステスを辞めて起業した今でも、定期的にアポイントを入れ、お茶や食事に付き合ってもらっています。私は、男性から「あの子に時間とお金をかけて良かった」と思われるような自分でいたいと常々思っています。

STEP 4

# おじさんを〝キープ〟しよう

# 目上の男性に〝オチなし会話〟は厳禁！

おじさんと親しくなった後は、彼らといかに「仲の良い状態を長続きさせる」かが重要です。ずばりその方法は、男性から「この人と話したい」「相談するならまずこの人」とまではいかなくても、ふとした時に思い出してもらえる存在になることです。

そのためには、男性との会話上手になることが大切です。

今回は、まず始めに悪い会話例を示した後、それを私なりに修正しながら、おじさんに喜ばれる会話術をレクチャーしていきましょう。

**例1　無意味な会話をしてることに気づかないタイプ**

まず、女性が陥りやすいパターンを見ていきましょう。それは、会話が一人よがりになりがちだということです。

例えば、ある若い女性が目上の男性とこんな会話をしたとします。ちなみにこの男性は、彼女の友達であるA子さんとは一切、面識がありません。

女性「A子という友達がいるんですけど、昨日彼氏と喧嘩して別れちゃったみたいで、夜電話してきたんですよ」

男性「ふーん。それで？」

女性「すごく落ち込んでて、ずっと喧嘩の内容について話してくるんですよー」

男性「へー、どんな？」

女性「それが些細なことなんですよー」

男性の頭の中は「何が言いたいの？」というはてなマークが浮かんでいるはずです。まったく知らない女性の痴話喧嘩の話を聞かされても、男性には何一つ接点がないため、まったく感情移入できないからです。これが、結婚している男性がよく言う「妻と会話しても面白くない、話の内容がどうでもいいものだから」会話の原型です。

## 例2　面識のない相手のことを延々としゃべるタイプ

同じく、話し相手と面識のない人について、まるで共通の知人であるかのようにしゃべり始め

る女性もいます。例えば、

女性「今日、たまたま◯◯さんに会ったんですよ」
男性「え？　◯◯さんって誰？」

自分が◯◯さんをよく知っていることによって、相手がその人物を知らない（＝説明する必要がある）という意識が欠如してしまうタイプです。今回もやはり男性の頭の中には「？」マークが点灯していることでしょう。

さらに会話は次のように続きます。

女性「◯◯さんは私の友達です。とても元気そうだったんですよ」
男性「そうなんだ」
女性「でね、◯◯さんが面白かったんですよー」

その後も、Aさんの会話はオチもなくだらだらと続きます。このように、女性たちの何気ない会話は、着地点を見据えていないことが多いのです。

## 話し相手に興味を持ってもらうには

では、前述の事例を理想的な話の流れに変えてみましょう。

**例1の正答** 例1の場合、大事なのは、相手に興味を持ってもらえるような前フリをすることです。その内容は何でも構わないのですが、例えばいきなりこんな風に入るのもアリかもしれません。

女性「やっぱり失恋には心許せる女友達と、新しい出会いが必要じゃないですか？」
男性「まぁ、そうだけど、いきなりどうした(笑)？」

「失恋」や「出会い」という誰もが興味を抱きそうなキーワードをちりばめることによって、相手に「続きが聞きたい」という感情が生まれます。

摑みが成功し、相手も聞く準備ができたら、次のように会話を進めましょう。

女性「昨日、A子という友達が彼氏と喧嘩して別れちゃったんです。どうにか勇気付けたくて食事会をセッティングしてあげたいんですけど、良さそうな男性いませんか？」
男性「そういうことな。ちょっと考えてみるよ」

これなら、「良さそうな男性を紹介してほしい」という目的があるので、なぜ唐突に見知らぬ女性の話をしてきたのかが理解できます。このように、会話には必ず目的（やオチ）を作ることが大切です。

**例2の正答**　さらに例2の場合は、こんな流れにしてみてはいかがでしょうか。

女性「20歳以上年上の男性と付き合ってる女性ってまわりにいますか？」
男性「いや、俺のまわりにはいないないな」

この場合、相手の男性の答えが「いる」でも「いない」でも構いません。続けて、次のように話しましょう。

女性「この前、私のお友達の◯◯さんって女性に会ったんですよ。とっても素敵になっていて」
男性「そうなんだ」
女性「その子、20歳以上年上の男性と付き合ってるみたいです。彼女、昔はギャルみたいな格好だったんだけど、今は清楚な雰囲気。女って、男でここまで変わるんだって思いましたね」

こう言われたら、男性だってその子のことに興味を持つかもしれません。確かにオチらしいオチはありませんが、その子に対して自分が「どう思ったのか」を言うようにしてみるだけで相手はその話に興味が持てるものです。

おじさんと話をするときには、ちょっとした伝え方一つで印象が変わってきます。まず「何について話すのか」を明確にすること。その上で「私はどう思ったのか」などを端的に伝えることが大事です。最低でも、ある程度の起承転結がないと、彼らの脳内には「それで？」がいくつも浮かんでしまうので、要注意！

私の経験上、仕事のデキる男性ほど〝オチなし会話〟が嫌いです。それはなぜなのか？ 想像するに、彼らの脳内を支配しているのは〝プレゼン脳〟だからではないでしょうか。

まず彼らは仕事において、日常的にプレゼンテーションをしています。これによって社内やライバル会社との競争にも勝ち抜いてきているわけですから、ある意味、プレゼンの達人と言っていいと思います。

そんな彼らは、相手に対してもプレゼンのような理路整然とした会話を求める傾向にあります。最初の前フリから、最後のオチまで、何かを伝えようという意図が感じられない会話は生理的に受け付けないのでしょう。

## 自分のミスでも評価を下げない。上司に頼み事をする時の言い方

次に、会社の上司に頼み事をしたい場合を考えてみましょう。中でもよくあるのは、自分のミスによって上司に動いてもらいたい場合。このケースでは、上司に対して「明確に伝える」という点を意識してみると良いと思います。自分の都合が悪いからといって、へたに隠し立てすると、後でばれた時に信頼を失いかねません。

**「間に合いそうにない」ではなく、「間に合わせたい」**

私の知人の若い営業ウーマンが、会社で担当する企画を進めるにあたり、人手が足りず期日までに間に合いそうにないと焦っていたことがありました。「上司には追加の人員確保をお願いしなければならないんですけど、どう言えばいいでしょうか？」と私に相談してきたのです。

会社にヒマな人はおらず、人員を確保するためには社内の調整が必要になるとのこと。そこで私が彼女に、どんな風に上司に人員確保の件を伝えるつもりなのか訊ねたところ、おおよそ次の

ような会話になることが想定されました。

彼女「〇〇さん、少しお話しさせていただいても良いでしょうか」
上司「なに？」
彼女「実は……例のプロジェクト、今月中に間に合いそうにないので、人を増やしてほしいんです」

確かに正直と言えば正直ですが、単に「間に合いそうにない」「人を増やしてほしい」では彼女の仕事に対する「やる気」が伝わりません。自分の評価を下げないためにも、彼女の根底にある「プロジェクトを成功させたい」という気持ちを理解してもらう必要があるのではないでしょうか。

加えて、「プロジェクトが間に合いそうにない」というネガティブな言い方も引っかかります。「間に合いそうにない」ではなく、「間に合わせたい」とポジティブな表現をすることで、かなりイメージが変わるように思います。

## 言い方一つで印象は変わる

私は彼女に改めて言いました。こんなときは、自分の頼み事の意図を「明確に伝える」ということを意識しつつ（前述）、なるべく自分の評価を下げないように誘導していくことが大事であると。

続けて私は、次のような言い方をするようアドバイスしたのです。

「〇〇さん、私は例のプロジェクトを絶対に成功させたいんです。期日に間に合う完璧なものを仕上げたい（①）ので、調整能力のあるAさんと技術に長けたBさんの二人をプロジェクトチームに入れてほしい（②）と思っています」

意図としては、

①期日に間に合う完璧なものを仕上げたい＝プロジェクトが間に合わなくなってしまったというマイナスのニュアンスが消え、逆にやる気がアピールできる。

②調整能力のあるAさんと技術に長けたBさんの二人をプロジェクトチームに入れてほしい＝単に人を増やしたいということではなく、どうしても必要な人材であることをアピールする。

ということです。これなら彼女の評価を落とすことなく、上司も納得してくれるのではないでしょうか。

結果は〇。後日、彼女に聞いた話では、上司は「そこまで言うなら」と、頼み事を引き受けてくれたそうです。

正直、私のアドバイスに効果があったのかわかりません。彼女が何を言っても上司が納得してくれた可能性はあります。ただ、上司にミスを報告する＆頼み事をする際は、言い方一つで印

キウイ

象がガラリと変わることは間違いありません。

## 上司の「お前を育てたのは俺だ」発言はありがたいと捉えよう

私には、様々な仕事をするにあたって、アドバイスをくれる目上の男性が多くいます。中には、出資してくださる方もいます。

そうした〝ブレーン〟に対しては、最初のうちは最低でも毎月一回、時間が経ったら三ヵ月～半年に一回は直接、お会いする場を設けるように心掛けています。私の方から「お食事でもいかがですか」と誘うのです。

### 大手デパート役員から会う度に言われること

お食事の場では、私の仕事の近況などを報告します。皆さん、銀座ホステス出身の私を出来の悪い娘のように思ってくださっているのか、多くの方は「〇年前は、田舎から出てきた金髪のお姉ちゃんで銀座も似合わなかったのに、本当に成長したよね」となつかしい話をしながら、私の近況を聞いてくれるのです。

中でも、私が10年以上の関係を続けている大手デパートの役員には、お会いするたびにこんなことを言われます。

「君が次から次へと新しいことにチャレンジしているのを毎回聞いていると、組織人としては本当に羨ましくなるんだ。俺たち組織人は決まった役員報酬によって、人並み以上の生活はできるけど、どんなに努力しても、ものすごく稼げるわけではなく、ある程度は組織のルールや方針を守りつつ、その中で仕事をしなくちゃいけない。それに比べて君は、報酬の保証はないけど、頑張れば頑張っただけ自分に返ってくるし、自分の考えややり方で新しいことを始めることも、辞めることもできるからね。自分の裁量一つで動ける君はすごいと思うよ。それに君は強い。リスクが常に付きまとうのに、いつも前向きで楽しそうだ」

皆様すでにお気づきのように、この方は151ページに登場した、私が銀座時代、お金のない時に生活費を貸してくださった恩人です。ある意味、今の私があるのは、彼に育ててもらったおかげだと言っても過言ではないでしょう。

## 〝あいつは俺が育てた〟は宣伝になる

さて本題です。

おじさんたちの中には、私のいないところで「あいつ（鈴木）は俺が育てたんだ」と吹聴して回る方もいます。前述のデパート役員の方なら私も確かに育てられたと思うのですが、正直、誰だっけ？　と思う方がいるのも事実です。

だからといって、間接的にそのことを耳にしても、私は決して悪い気はしません。なぜなら、私の話を誰かがしてくれるということは、私という存在を多くの人に宣伝してくれていることになるからです。後述するように、むしろ多方面に吹聴してくれることは本当にありがたいことなのです。

## おじさんたちは「自分が育てた」という点を強調したい生き物

会うたびに同じ話をしてくる方も少なくありません。内容は、何十回と聞かされた昔話。私が銀座時代から付き合っている方は、やはり当時のお話がお好きなようです。

「10年前のお前は東京のことを何も知らない田舎のヤンキーみたいなホステスだったけど、今はこんなだもんなぁ」

正直、過去の自分の話が恥ずかしくもありますが、私はそれに対し、「そうそう、私は昔そうだったわ」と、じっくりと聞くようにしています。若干、上から目線のニュアンスがあることから想像するに、彼らがしたいことは結局「お前は俺が育てたんだ」ということで、お前は俺より下だとマウンティングすることも含まれているのでしょう。

おじさんたちは、俺が一番だと強調したい生き物なのかもしれませんね。

## 仕事ができない人間を「育てた」とは言わない

例えば、ある上司がことあるごとに「あいつは俺が育てた」と周囲に吹聴して回っています。あなたとしては、彼に多少の面倒は見てもらったかもしれないけれど、「育てた」とまで言われる覚えはなく、反発を感じています。できればやめてほしいと言いたいこともあるかもしれません。

しかし、よく考えてみてください。会社員は自分の名前を吹聴してくれるうちが華なのです。「俺があの子をいっぱしのビジネスウーマンに育てた」と言う場合、そのことを聞いている第三者はあなたに対して悪い印象を持つことは少ないでしょう。吹聴する側としても、仕事ができない人間を「育てた」とは言わないからです。

一方で、「育てた」発言に過剰に反応することによって、目上の男性が誰もあなたの名前を口にしなくなったら寂しい限り。そうした事態を避けるためにも、上司の「育てた」発言（上から目線の発言）は、ありがたいと捉えるべきだと私は考えます。

# 体目当ての男性と付かず離れずの関係になる方法

今後、あなたが仕事をしていく中で、どうしても出会ってしまう人種がいます。一見、羊のような仮面をかぶり、親身に相談に乗っているかのように見せかけて、実は単なる体目的の男性ですね。昨今、セクハラ問題は世間でも取り沙汰されているものの、まだまだそういう方がいるのは事実。あなたが魅力的であればなおのこと、一度はぶつかる壁です。

## 仕事で付き合いがある以上、関係を断ち切るわけにもいかない

では、体目当てのおじさんから狙われたときに、どう対処すれば良いのでしょうか。

もし相手と打ち合わせ名目の食事に行って、その場で口説かれる事態に遭遇したとします。あなたにその気がなかった場合は、

「またまたぁ。何を言ってるんですかぁ」

と笑って誤魔化すのは常套手段《じょうとうしゅだん》です。男性も相手は自分に興味がないのだと、一度は引いてく

れるかもしれません。

でも、今後も仕事で付き合いがある以上、人間関係を断ち切るわけにもいきません。仕事で連絡をとっていれば、再び相手の気持ちが高ぶってくるのはよくあること。結局、あなたはずっとセクハラの恐怖におびえなければならない――。

こうしたケースでは、長い時間をかけて、その男性と別の人間関係を作るように努力しないといけません。

## 「あなたのこと、素敵だなとは思っているんだけど、今は無理」

数年前、私はパーティで知り合ったある国の大使から猛烈なアプローチを受けました。お茶や食事を重ね、二～三回目で、ホテルに誘われたのですが、当時の私の彼に対する気持ちは微妙。もちろんすぐに誘いに応じるわけにはいきません。

結局、私はこんなことを言ってホテルに行くのを回避しました。

「あなたのこと、素敵だなとは思っているんだけど、今は無理。素敵な人とするときはデートを繰り返して少しずつ温めていきたいの」

歯の浮くようなセリフかもしれません。でも、半分以上は私の心からの言葉でした。彼は「わかった」と言いましたが、もちろん諦めていません。次にお会いした時も、案の定ホテルに誘ってきたので私はこう話したのです。

「いま私の会社は業績が下向きになってしまっているの。だからあなたと先に進むのは今じゃないと思うの。仕事を頑張らないといけないときにあなたのことばかり考えられない。取引先にも色々お願いして回らなきゃいけないこの時期に、男性とデートばかりしている場合じゃないから、わかって」

その頃、私の会社は本当に危機的状況でした。そのことを誠心誠意、相手に伝えたのです。その日は何もせず車で家まで送ってもらい、家についてすぐ、彼にこんなメールを送りました。

〈今日は私のために時間を作ってくれてありがとう。そして家まで送ってくれてありがとう。せっかく誘ってもらったのに、すぐに応えられなくてごめんなさい。いろいろ抱えた今のままでは誰とも付き合う気になれません。日々一緒に働く仲間である社員たちにも悪いし〉

翌日、彼からこんなメールが返ってきました。

〈僕に何ができる？　今のきみの現状をもっと詳しく聞かせてほしい〉

これが分岐点でした。その後、彼が私の相談に耳を傾け、私にアドバイスするうちに、私との関係も変わっていき、やがてホテルに誘われることもなくなっていったのです。

## 「エッチする」「しない」の攻防を続ければ…

さて、前述の大使のアプローチの事例を念頭に置きながら、体目的の男性とつかず離れずの関係を作るポイントを記してみましょう。

### 1　生理的にNGなどとは言わない

ここでのポイントは「あなたとは生理的にＮＧ」と言ってしまうなど、完全拒否を突きつけないことです。相手を立てながら上手に断ることによって、つかず離れずの関係を産み出すことができるのです。

そしてそれを何ヵ月も続けていくうちに、不思議なもので相手をコントロールできるようになっていくのです。こうなれば、肉体関係を求められることも少なくなり、だんだん関係性が変わっていきます。

### 2　自分が置かれている状況を正直に説明する

関係性が変われば、また新たな関係が築かれていきます。例えば、恋人同士が別れることになったとしても、お互いにしこりが残らないようなきれいな別れ方であれば、別れた直後は無理でも、数年経って良い友達になることは、よくあります。今回のケースも、それと似てます。

実際、彼とはいつからか本音でコミュニケーションが取れるような関係を築くことができました。私がそのとき置かれている状況を正直に説明したことで、彼は本当に親身になって相談に乗ってくれるようになったのです。誠心誠意で相手と向き合えば、最初は体目的だった相手とも、別の人間関係を築くことができます。

## 3 彼氏の愚痴をこぼしてみる

あれから年月が経過した今でも、私は彼と良好な関係を続けています。体目的の男性であっても（下品な言い方ですが）「エッチする」「しない」の攻防を続けていくうちに、それを越えた関係性が二人の間で構築されたということでしょう。

ちなみに、もしあなたに彼氏がいた場合、体目的の男性に対し、彼氏の愚痴をこぼしてみるのも良いかもしれません。ちょっとばかり上級者向けかもしれませんが、彼氏がいることで手を出しづらくなれば、相手は恋人未満の状態でしかいられなくなるからです。

このように、体目的の男性だってコントロールの仕方次第でどうにでもなるのです。

# おじさんと良い関係を保つため、ご家族にプレゼントを贈ろう

妻子のあるおじさんと良い関係を続けるために、そのご家族とも良好な関係を築くという方法があります。中でも有効な手段は、プレゼントを送ること。ご本人に向けたものではなく、奥様あるいはお子様に対してプレゼントを送るのです。

## 男性本人にプレゼントを贈らない二つの理由

ではなぜ男性本人ではなく、あえてご家族に送るのか。ずばり、おじさんにプレゼントを贈っても、本音はあまり喜ばれていないことが多いからです。

主な理由は次の通りです。

### 1　男性が欲しいものを贈ることが難しい

そもそも社会的地位のある男性は、ある程度のものは自分のお金で買えます。さらに、年齢を重ねるごとに欲しいものは減っていくもの。つまり、男性が欲しいものを送ることが難しいぶ

ん、彼らにプレゼントを送っても大きな喜びにはつながらないことが多いのです。

**2 若い女性がプレゼントすると奥さんに疑われる**

それどころか、彼らにプレゼントをするのはリスクが高いのです。中には、ハンカチやシャツなどをプレゼントされることを面白く思わない奥様もいます。場合によっては「あなたたちどんな関係なの」と疑われてしまうことでしょう。従って、安全策は奥様やお子様のプレゼントになるのです。

## 家族へのプレゼントは何を贈るべきか

では奥さんとお子様にどんなプレゼントを贈ればいいのか。私の場合、品物選びは何を重視しているかというと、そのプレゼントをすることで男性と奥様あるいはお子様の「コミュニケーションの手段」になるかどうかです。

例えば、「M」という一見様お断りの菓子店があります。紹介者がいないと買えない品物で値段が一箱5~6千円。相手の男性に「奥様にどうぞ」と手渡すと、後日、結構な確率で「うちの妻がすごく喜んでたよ！」というお返事をいただけます。

知っている人にとって、「M」のクッキーは一度は食べてみたい憧れの品物。誰にでも買える品物ではないからこそ奥様方にも喜んでいただけるのです。そういうアイテムをいくつか持っていると強いですよね。プレゼントを通じて男性の家庭内の評価が上がることで、男性とご家族のコミュニケーションもうまく行くのですから。

## ご子息の発表会を見に行くことがプレゼントになる

もう一つ事例をあげましょう。

私の取引先のご子息がミュージカル俳優をやっていました。正確には、役者で生きて行くことを夢見て、いままさに頑張っている状況といったところでしょうか。

それを知った私は、何かプレゼントを贈るより、実際にご子息が出演しているミュージカルを見に行くほうが良いのではないかと思いました。この時、知人の芸能プロダクション関係者を連れて行きました。

「取引先の方が舞台を見に行ってくれたぞ。芸能プロダクションの知り合いも連れて行ったみたいなんだけど、とても良かったと褒めてたぞ」

後日、お父様は息子さんにそうおっしゃられたそうですが、親が出世して有名になっている子供は、親に勝ちたい、認められたいと思うもの。それをお父様に褒められたら、子供だって嬉しいに違いありません。

また、お父様は普段忙しくしていて息子のミュージカルは観に行ってやれないけれど、私が行ったことによって、父と子の会話のきっかけになったということですね。

## おじさんの趣味に共感しよう

私の周りには、趣味をお持ちのおじさんがたくさんいます。休日はゴルフや釣り。平日はスポーツジムで汗を流す彼らの話を聞くたび、私はこう思います。

「この人、なんでこれが好きなのかしら？」

趣味というのは基本、本人にしか理解できないものです。他人から見れば、なぜそれが楽しいのか意味不明なものも少なくありませんが、彼らは心のどこかで誰かにわかってもらいたいという気持ちを持っていることがあります。

そんなおじさんたちと仲良くなる方法は、彼らの趣味を理解した上で自分もそれに興味を持つこと、つまり共感することに尽きます。

## 趣味を持つおじさんに対してのNGワード

まず始めに、趣味を持つおじさんに対するNG事項を覚えましょう。

例えば、私が親しくしている会社経営者は、趣味がトライアスロンでした。日頃から血の滲むようなトレーニングをし、休みがあれば海外に出向いて大会に参加します。本来、身体的に辛いことが大嫌いな私の頭にはクエスチョンがたくさん浮かびます。

「この人は、なんでわざわざ辛いことをして喜んでるの？」

しかし、これこそ、趣味をもつおじさんに対してのNGワード。あなたが相手の趣味を否定している時点で、それについて興味を持っているとは思えないからです。もちろんそれであなたとの関係が悪くなるわけではありませんが、相手の趣味を通じて仲良くなることもできなくなります。

趣味を持つおじさんと長く良い関係でいるためには、彼らの趣味趣向に対して否定してはいけないのです。

## 「それで何が凄いの？　もっと知りたいです」

次に彼らの趣味に「共感する」接し方を覚えましょう。

私の知り合いに「家電ヲタク」の中年男性がいます。私はその分野に関心がありませんが

(笑)、彼の話してくれる家電の知識には「共感」しています。

先日も、仕事の打ち合わせが終わって会議室で雑談が始まったとき、「家電ヲタク」の男性は家電についてのウンチクを語り始めました。社内の部下たちが「また始まったよ……」という雰囲気を漂わせる中、私だけは「それで何が凄いの？　もっと知りたいです」と前のめりになって質問を重ねます。

77ページでも記したように、相手の趣味（こだわり）について話すときは、まずその趣味を好きになったきっかけから聞くのが一番です。インタビューと同じく、話を最初から段階を踏んで聞くことで、第三者の自分にもその趣味の魅力が一から理解できるようになるからです。

その上で、自分なりに興味がある部分について質問していけば、相手も「この人は興味を持ってくれている」と思ってくれるでしょう。当然、自分自身も相手の話に興味を持つことが大事ですが、いずれにせよ男性が趣味について語っているときはとことん会話に付き合うことを心がけましょう。

## 相手がこだわりを持っている部分を褒める

趣味ばかりではなく、彼らのセンスを絶対に否定しないことも重要です。

例えば、洋服のセンスについて。あなたの会社の上司で、茶色いツイードのスーツに青いストライプ。黒いベルトに水玉模様のポケットチーフ。つま先が丸いフォルムの履き心地重視の黒いビジネスシューズ——という服装の方がいたとします。正直、目の当てようもありません。

しかし、どこか一つのアイテムを褒めてみてはいかがでしょうか。その男性がいつも必ずポケットチーフを入れるのであれば、「○○さんのポケットチーフ、いつも鮮やかな色で素敵ですね」と褒めてみましょう。相手がポケットチーフにこだわりを持っているのなら、そこを褒められて嫌な気分はしないはずですよ。

## ポケットチーフに合わせて同系色のシャツをプレゼント

服装で相手と仲良くなる方法はまだあります。ファッションについて日常的に会話ができる関係になれば、「○○さんが先日使ってらした水色のポケットチーフに合わせたら、もっとコーディネートが格好良くなるんじゃないかなと思って」などと言い、ポケットチーフと同系色のシャツなどをプレゼントしてみましょう。

178ページでも記したように、奥様のいる男性の場合は、ハンカチやシャツなどをプレゼントすると浮気を疑われる可能性がありますが、独身のおじさんなら何の問題もありません。これで、彼のコーディネートの一箇所に統一感が生まれるわけです。相手の男性を自分色に染めるのもまた女の喜びの一つですね。

## 第三者から「ダサイ」と言われたら良い気分にはならない

相手のファッションに関して「変ですよ」とはっきり言うことも確かに大事です。鼻毛が伸びている人に対してそれを指摘しないと、本人はずっと恥ずかしい思いをし続けるので、「鼻毛出てますよ」とはっきり言った方が本人のためになるのと同じ考え方です。

でも、それはずっとずっと後のことだと私は思います。ファッションは個人のセンスなので、第三者から「ダサイ」と言われたら、決して良い気分にはなりません。あなたが良かれと思って取った行動がアダになることもあるからです。

相手があなたのファッションセンスを認め、自分のコーディネートに関して色々とアドバイスを求めてくる間柄になってから初めて「変ですよ」と言ってみましょう。

# おじさんとあなたの危機回避術

STEP 5

## 同性の敵を作らない方法

ここまで読み進めたあなたは、きっと社内のおじさん（上司）を味方につけるイメージが湧いたことでしょう。当然、その事実は周囲にも伝わっているはずですが、ここで陥りがちな罠があります。

「あの子、なんであんなに部長からひいきされてるの」

「明らかに私たちと扱いが違うんだけど」

同世代はもちろん、お局《つぼね》的な立場の女性社員たちから陰口を叩かれることがあるかもしれません。さらには「あの子、部長の愛人なんじゃないの？」と根も葉もない噂を立てられることもあるでしょう（141ページで記したように、私自身がそのようなことを多く経験してきました）。

そこで今回は、私自身が多くの失敗を経て学んだ「社内で同性の敵を作らないための方法」をお教えしましょう。

## 「虎の威を借る狐」にならないように

まずはどんなタイプの女性が嫌われるのか考えてみましょう。

ビジネスウーマンとして高みを目指す女性は、権力に近いところにいることで居心地の良さを感じてしまう傾向が少なからずあります。仲の良い上司が自分の味方になってくれることで、周囲から批判されることも少なくなり、自分の意見もすんなりと通るようになるからです。

実際、社内の権力者とばかり不倫したがる女性は案外多いのです。会社という狭い世界の中では主人公になれますし、それが自分の居場所であると勘違いしてしまうようです。彼女たちの実態は「虎の威を借る狐」。上司の権力を笠に着て、同僚に対して威張りちらしているのです。

ひるがえってあなた自身を省みてください。無用な同僚とのトラブルを避けるためにも、知らず知らずのうちに「虎の威を借る狐」にならないように気をつけたいものですよね。では、どうすればいいのか?

### (1) 謙虚にしなければならない

「実るほど頭を垂れる稲穂かな」ということわざがあります。稲が実を熟すほど穂が垂れ下がるように、人間も学問や徳が深まるにつれ謙虚になり、小人物ほど尊大に振る舞うものだという意味で、要は、人格者ほど謙虚であるというたとえです。あなたが覚えておくべきはこの言葉です。あなたの上司へのアプローチが実り、「最近、上司からの受けが良いな」と感じたら「私、いま偉そうになってないかな」と、一度立ち止まってみてください。周囲の人よりも何かと優遇されているからこそ、謙虚にしていなければ、かならず反感を買ってしまいます。言葉で言うと簡単ですが、これは意外と難しいことです。

## (2) 上司のことは「多くは語らず」が正解

もう一点、ポイントがあります。それは「周囲に上司のことをむやみに褒めない」ということ。例えば、同僚女性に対して「Aさん(上司のこと)って、ホントに仕事が早くて頼れるよね」と言ったとします。Aさんが同僚女性よりあなたのことを気に入り、社内でも会話をすることが多かった場合、この一言はどこか嫌味に聞こえませんか?

同僚女性からすれば、あなたがAさんと仲が良いから、相手を褒めているように映るわけです。さらに同僚女性があなたに対し、「それってAさんとあなたの関係を自慢してるの?」と飛躍した感情を抱いてしまうことだってあります。あなたがAさんに目をかけられているなら「多くは語らず」という態度が正解なのです。

### （3）Aさんではなく、仲間を褒める

Aさんとあなたたちが同じプロジェクトチームで仕事をしているとしましょう。日々、同じチームで仕事をしていれば、お互いがお互いの仕事ぶりを褒め合いながらテンションを高めていくことも大事になってきます。この場合、あなたはAさんを褒めるのではなく、仲間を常に褒め続けることが大切でしょう。

仕事の面では、チームのリーダーであるAさんの功績が最も大きいのは誰もが理解していますが、それをAさんから目をかけられているあなたが言うことによって、やはり、同僚たちからは嫌みに聞こえてしまいます。むしろ、同僚たちによってAさんが助けられているくらいの言い方の方が良い印象を与えるでしょう。

## 二人の上司があなたの味方に。男性の嫉妬を回避する立ち回り方

「男の嫉妬ほど怖いものはない」とよく言われます。まさにその通りで、嫉妬は女性だけのものではありません。男性社員の間でも、常に嫉妬心が渦巻いています。

例えば、あなたがA部長に目をかけられている立場だったとしましょう。当然、職場でも親しげな会話をする場面が増えることになりますが、それを快く思っていないのが同じくあなたに目をかけてくださるB次長です。

もちろん、B次長は自分の感情をおくびにも出しません。恋愛関係でもないのですから、無関心を装っているのが通常。他の社員からすれば、B次長があなた（とA部長）に抱いている感情は見過ごしてしまうかもしれません。

しかし当事者であるあなたは、なんとなくその雰囲気を感じ取ることができるのではないでしょうか。B次長の何気ない目線、態度。あくまで勘でしかありませんが、女性の勘は大抵当たっているものです。

## 嫉妬回避のコツ１　A部長とランチに行く時はB次長も誘う

さて、そんな状況下、A部長からお昼の休憩時間に「メシでも行こうよ」と誘われたとします。どうやら二人でランチに行こうということらしいのですが、（やましいことは何もないとはいえ）、部長と二人っきりで行くのは周りの目も気になるので、部員に見つからないように外で待ち合わせることにしました。

ところが、その光景を目撃したのがB次長です。間の悪いことに、あなたと部長が会社を別々に出ていきながら、外で待ち合わせ、二人でお店に入っていく場面に遭遇したのです。この場合、「あの二人は、なんでこそこそ周りの目を盗んでメシに行ってるんだ?」と、反感を買うこと請け合いです。

それを回避するためには、とにかくオープンにすることです。周囲の目があっても、堂々とランチに出るのはもちろん、時には、B次長に対して「今日はA部長と食事に行くんですけど、一緒にどうですか」と誘ってみましょう。A部長との間に「秘密」を作らないことで、B次長の嫉妬を最小限に食い止めることができます。

## 嫉妬回避のコツ2　A部長と飲みに行ったらB次長にも報告する

もう一つ例を挙げましょう。

その日、あなたはA部長から「飲みに行こう」と誘われました。取引先の男性と会うので、あなたのことを連れて行きたいそうです。男同士だと堅苦しい感じになるのでキミに和ませてほしい、とのこと。もちろん、あなたは「行きます」と答えましたが、問題はB次長です。

この状況、B次長に対して、A部長と飲みに行ったことを報告する義務は一切ありません。秘密にしておいても良いのですが、万が一、誰かの口から話が伝わったらB次長の気分を害します。やはり、B次長に言っておくべきでしょう。

翌日、Ｂ次長に対し、「○というお店に連れて行ってもらってＸという人を紹介してもらいました」と最低限の報告をしましょう。こちらも、秘密を作らないあなたの態度によって、Ｂ次長に安心感を与えられます。

## 「言って良いこと」「悪いこと」を選択する

ただし、そこで注意をするべきことは、話しすぎないことです。飲みの場では、Ａ部長も酔ってつい色々なことをしゃべってしまうかもしれませんが、それは決して人に聞かせて良い内容ばかりではありません。あなたの方で「言って良いこと」「悪いこと」を忖度《そんたく》する必要があります。

例えば、お子さんや奥さんの話、病気の話、社内人事の話などは、Ａ部長から聞いたとしても一切口外してはいけません。あくまで当たり障りない程度の内容に止めておかないと、Ａ部長の信頼を失うばかりか、「あいつは社内スピーカーだ」と逆にＢ次長に心の中で思われてしまいます。

会社組織は非常に狭い世界です。あなたが特定の男性と仲良くしていることを、かならず周囲の男性は見ています。無関心を装っている男性ほど観察眼が優れているものです。男性は社内の女性に対しても嫉妬しますし、部下にも上司にも嫉妬します。

私自身、銀座ホステス時代、男の嫉妬の凄まじさを嫌というほど体験しました。本書のページ数に限りがある都合でその話は書きませんが、おじさんと上手に付き合っていきたいあなただからこそ、男性の目には女性以上に気をつけてください。

## 切ってはいけない「おじさんとの関係」

営業職の若い女性は、取引先の担当男性と仕事をする上で、意識するしないに拘わらず、自分の「女」を使っているケースがあります。例えば、あなたのプレゼンした企画が採用されたのは、その担当者があなたのことを女性として見ていたからかもしれません。つまり、あなたのことが気に入ったから仕事を回してやった、と。

女性からすれば、それは決してありがたいこととは限りません。中には、これをきっかけに、個人的に連絡をしてくる男性もいます。一度仕事をしている手前、無下にも断れず、お食事や電話に渋々お付き合いしている女性も少なくないことでしょう。

## ビジネスの関係に終わりはない

「取引先のおじさんとの人間関係を断ち切りたいんだけど、どうすれば良いでしょうか」

女性からそんな相談を受けることがあります。よくよく聞いてみると、一つの仕事が終わったため、協力いただだいていた男性との関係が煩わしくなったというのです。要は、仕事のからみもないのにご飯に誘ってくるからうっとうしいというわけです。

私はこの手の相談には「もう少し我慢してみたらどう？」と答えるようにしています。今は仕事のからみはなくても、いつお付き合いが復活するやもしれません。その時、相手を切ったことで泣きを見るのはあなたの方だからです。

男女関係を終わらせたいということならともかく、「ビジネスの関係に終わりはない」というのが私の持論です。

## 都合の良い時だけお願いする女

営業職で言えば、提案があるときだけ取引先に連絡を入れるという女性社員は少なくありません。相手のおじさんが自分を気に入ってるのを良いことに、都合の良い時にだけお願いをするパターンです。

日常生活においても同様です。例えば、あなたの周りにも、普段は音沙汰がないのに、何かお願いがあるときだけ「ちょっと相談だけど」と連絡をしてくる人っていませんか？　これは男女問わずですね。

私はそういう女性を見ると「もったいないことをしているな」と思ってしまいます。せっかく相手があなたを気に入ってくれているのに、自分から嫌われるような行為をしているからです。おじさんは女性には優しいけれど、都合よく利用されることは決して好きではないのです。

## 権力者に擦り寄っては去っていく〝渡り鳥女〟

中には、取引先の目上の方や社内の権力者に擦り寄っては去っていく〝渡り鳥女〟もいます。要は、男性の利用価値がなくなった途端、次から次へと乗り換えていくタイプですね。

「あれだけ密に連絡を取ってきたのに、プロジェクトが終わった瞬間に連絡が途絶えて、もう何年も会ってない。女性って去り際が見事だよね」

こんな男性の嘆きを聞いたことがありますが、そのような女性は自分自身が男性を渡り歩くことでステップアップをしているような錯覚に陥っているだけ。捨てられた男性が二度とあなたの味方にならないぶん、むしろステップダウンしていることに気付くべきです。

## おじさんは〝貯めるもの〟

私は「男性は使い捨てるのではなく〝貯めるもの〟」と考えています。あなたの応援団員は、いくら多くても困ることはありません。いつ何が起こるか分からないからこそ、備えは必要です。

ふりかえると、これは私が銀座ホステス時代に体に染み付いたものなのかもしれません。銀座のクラブは、お客様の〝蓄積〟こそが売上に直結します。一回３００万円使ってくれる一人のお客様よりも、一回10万円を落としてくれる三十人のお客様に来てもらうほうが安定なのは当然のこと。

ですから、私は銀座時代から今に至るまでおじさんとの「関係を切った」ことは一度もありません。密に連絡を取っていなくても、ときどきメールや電話をしたり、されたりする関係を築き、男性から「いつでもお前の味方だよ」と言わせたらパーフェクトです。

## 週刊誌記者はキーマンへの連絡は欠かさない

余談になりますが、知人の週刊誌記者がこんなことを言っていました。

「自分たちの仕事はネタ元がすべて。警察、芸能関係者、会社経営者、政治家に至るまで、その世界のキーマンを味方にできなければ自分たちの仕事は始まらない。週刊誌の仕事は『実は、こんなことがあったんだ。聞いてくれよ』というネタ元からの連絡で成り立っている。自分たちにはいつでも連絡が取れる三十人以上のネタ元がいるけど、10年間で一度もスクープネタを寄越さない人もいる。それでも〝もしも〟のときのために黙々と関係を続けるしかないんだ」

週刊誌記者は〝未知の情報〟のために日頃からキーマンへの連絡は欠かさず、常にアンテナを張っているのだそうです。「男性は使い捨てるのではなく〝貯める〟もの」という考え方に相通じるものがありますよね。

最後にこの話をあなたに置き換えて考えましょう。

例えば、あなたに目をかけてくれるAさんという方と、定期的にお会いしたり電話する関係をキープしたとしましょう。場合によっては、口説かれるようなこともあるかもしれませんが、そんなときは上手にかわせば良いだけのことなのです。この本を通じて身につけた方法を実践すれば、何も恐れることはありません。

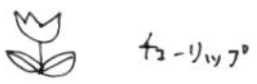

STEP 6

# おじさん恋愛講座

最後は、おじさんとの恋愛方法について書いてみます。あなたの方から好きになったのか、男性の方から迫られたのか。その相手は独身なのか、既婚なのか。既婚なら子供はいるのか、いないのか。若い男性と違って、何かと難しいおじさんとの恋愛だからこそ、いま悩んでいるあなたの指針になれば幸いです（ちなみに私は、不倫を肯定も否定もしない派です）。

## もしもおじさんに恋してしまったら

皆さんがおじさんと接する時、まず念頭に置いておくべきことは「彼らは若い女性に対して自信がない」人が多いということです。もちろん仕事においてはあまり関係のないことなのですが、もしもあなたが社内や取引先のおじさんに恋心を抱いてしまったとしたら、それを知っているのといないのではずいぶんと自分の行動が違ってきます。

### おじさんは若い子に対する免疫が少ない

まず31ページで記した「成金男性」を思い出してください。彼らは日常的に夜のお店に通い、女の子を横につけていますが、一般の会社員の男性の場合は、若い女性と接するのは同じ会社の部下やたまの接待の夜のお店など、機会が限られています。ましてや常日頃から若い子に囲まれていることはありえません。

一方で、自分の年齢が上がるにつれ、同年代の女性の年齢も当然のように上がっていっています。自分が50歳なら、女友達や同僚は50歳前後。奥様が若くて40代前半で、年齢が高いと年上女房というケースもあります。つまりこれは、「歳の離れた若い子の免疫が少ない」と言い換えることもできるでしょう。

そんな中、彼があなたに自然な流れで好意を持つことはまずありえません。相手が若い男性ならともかく、おじさん相手ではあなたが待っていても相手から告白してくれることは少ないと言えるでしょう。そこで、恋愛成就のためには、あなたの方から積極的にアプローチすることが大事になってきます。

## なぜ俺なんかと付き合いたいのか?

しかし、告白したからといってすぐにうまくいくとは限りません。相手があなたに対して恋愛感情を抱いていたとしても、ある日、突然、若い子に言い寄られたらドギマギするものです。嬉しい半面、頭の中に「なんで俺なの?」というクエスチョンが生まれ、不安になるようです。

考えてもみてください。若い女性であれば、同世代の若い男性の方が釣り合います。まして男性側に奥様やお子さんがいる場合、あえて付き合いたいと考えること自体が想像しづらい。加えて、付き合ったとしても、奥様や子供への罪悪感、浮気バレやそれに伴う社会的な制裁など、様々なリスクを伴うのです。

そして、その警戒心は社会的地位が上がれば上がるほど大きくなっていきます。彼らにしてみれば、失うものが大きすぎるあまり、おいそれと一時の感情だけで流されるということは難しくなってきます。それでもあなたが相手のことをあきらめられないなら、そこをこじ開けるだけのアプローチが必要になってくるでしょう。

## 15歳以上年下の女性にモテるわけがない

例えば、こんなことがありました。

仕事の一環で有名外資系企業の経営者と知り合った時のこと。私と彼は何度か会食を重ね、初めて二人きりで食事をすることになりました。何げない時に連絡をくれたり、私を楽しませようとする彼。それまでの彼の雰囲気から、彼が私に好意を抱いてくれているだろうことは何となく察していました。

その日、私たちは一切仕事の話をしませんでした。帰り際、彼は気まずそうな表情で「俺と付き合う？」と告白してきました。私の中にも、彼に対する好意が芽生えていました。だから私は彼のことばに即座にうなずこうとしたのです。

でも、続いて、彼は「でも、俺なんて……。俺は君のために何をしてあげたら良いの？」と尋ねてきました。後から聞いた話では、彼の心理状態としては「15歳以上年下の女性にモテるわけがない」と考えていたようなのです。極言すれば、「君はお金が必要なのか、仕事が必要なのか」というわけです。

そこで私は、こんなことを言いました。

「そういうことは求めていない。あなたの時間をください。あなたに興味があるし、面白そうだから」

それは私の本音でした。その後、いろいろ話し合った末、最終的に私と彼はお付き合いすることになったのです。

おじさんとの恋愛では、「○○企業の○○さん」としてではなく、「その人自身が何を感じて生きてきたのか、そして今生きているのか」に興味を持つことが大事だと言えるでしょう。若い男性とは違った部分を持っているからこそ、そこを好きになることができて初めて、彼らとの恋愛を楽しめるようになるのです。間違っても肩書やお金に目がくらんで付き合ってはいけません。

## 仕事がデキるおじさんの恋愛は「プロジェクト」

前項を読んでくれたあなたは、おじさんは「自分に自信がない」ということを理解していただけたと思います。彼らは女性に対しては奥手な方が多いのですが、付き合うことになってからもそれは続きます。彼らはいつでも自分が相応の年齢であることにコンプレックスを感じながら若い女性と接しています。

彼らは、自分の彼女に対して、これでもかというほど気を遣います。彼女がちょっとでもスネようものなら、無条件で優しく包み込んでくれる。女性にしてみたら、うれしい反面、そんなに気を遣わなくてもいいのに…と驚くこともあるかもしれません。これもまた〝おじさん恋愛あるある〟ですね。

## 女性が喜ぶことが自分の喜びでもある

ところが、仕事がデキる男性は「自信がない」だけではありません。自信がないことは当たり前。それでも「彼女に対して何ができるか」を常に考えて行動しているように思います。つまり、女性との恋愛をプロジェクトとして捉えているということです。

企業にとってのプロジェクトというのは、自分たちの利益をあげることだけを目的とするわけではなく、それによってお客様が喜ぶ姿を想像し、結果、全員が利益を生むことを理想としています。恋愛においては、彼らは女性を喜ばせるためのプロジェクトを進行させていることになります。

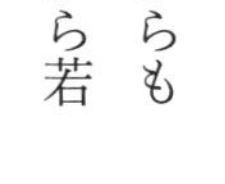

日々のメールや電話から、休暇に出かけるデート、夜の営みにいたるまで。彼らは彼女に喜んでもらうよう努力し、実際にそれが達成されることによって自らも大きな喜びを感じているのです。女性からすれば、ある意味、理想的な恋愛の一形態といっても過言ではありません。

## 女性を口説く際も、仕事と同様の「成功のプロセス」を踏んでいる

おじさんの中にも、若い女性に対して恋愛感情を抱き、積極的にアプローチをかける方ももちろんいます。自分が好きになった女性を口説く作業も、仕事のプロジェクトの進め方とまったく同じことが多いです。

まず仕事のプロジェクトは、商談のアポイントを取る→自己紹介し→その商品がどうしたら相手に喜んでもらえるのかを考えアピール→相手と共感し合う→ビジネスの合意を得る――となります。これを恋愛で置き換えると、次のようになります。

「女性に喜んでもらえるお店を準備→自分を理解してもらう→相手のことを知る→共感→好意を伝える→恋仲になる――」

仕事がデキる男性は、このプロセスが長年のビジネスライフでしみついています。計画、実施、反省、再計画、再実施、再反省の高速回転が彼らの日常だからこそ、女性に対しても同様の成功のプロセスを踏んでいるのかもしれませんね。

おじさんとの恋愛は「プロジェクト」である——このことは、彼らと付き合う上でのキーワードとして覚えておくと良いでしょう。特に、次の項目で紹介する、二人の関係がギクシャクしている時にこそ思い出してほしいのです。

## トラブルなど容易に処理して、私に会いに来られるはず

私がある大手メーカー社長と恋愛関係にあったときのことです。

ある日、彼の会社の製品が故障トラブルに巻き込まれてしまったことがありました。問題は深刻だったため、彼は責任者として早期にトラブルを解決しなければならず、対応に追われていました。

ところがその日、私は彼と会う約束をしていました。最初、彼は電話で「デートの時間に遅れる」と話していましたが、そのうち「今日は会えなそうだ。故障トラブルの処理が……」と言い始めました。私はそんな彼の姿を見るにつけ、腹が立ってきたのです。

働く男性から「仕事が忙しくて」と言われたら素直に納得する女性が多いかもしれません。ましてや、このときは故障トラブルを抱えてしまったわけですから、仕方ないなと。もちろんそれは理解していますが、でも私は、仕事がデキる男性ならば、その程度のトラブルなど容易に処理できるはずだと考えます。

そこで私は、彼に奮起を促すために、彼に対してあえてこんな言い方をしたのです。

「仕事のプロジェクトが何個もあったとしたら、あなたはいつも同時並行的にいくつもこなしていける人でしょう。その日、0％で終わらせるプロジェクトが一つでもあったらダメだと思っているはず。仕事がデキない男じゃないんだから、仕事も彼女もあれもこれも全部うまくやって」

この言葉で彼は奮起しました。「22時から30分ほど時間が空くんだけど、家の下まで顔を見に行っていいかな」と言い直し、さらに、「今日は食事の予約がキャンセルになって申し訳ない。一週間ほどでマスコミ対応も終わり、この問題も今より落ち着くから来週木曜日もう一度、今日予約しておいたレストランに行かないか」

と申し込んできたのです。出世する男性は良い意味で素直さを持っているので、歳の離れた彼女が言っていることも素直に聞き入れる器があり、改善するだけでなくプラスアドオンで次の提案もしてくることがポイントです。


私だって仕事ができない男が相手ならそんなことは言いませんし、「仕事が忙しい」という言い訳を聞くフリをしておくと思うんです。でも、「あなたはそうじゃないでしょう」と言うことで、私がどれだけ彼を認めているかも伝わる上に、男性はそれに対して意気に感じてくれるのではないでしょうか。このように、時には仕事がデキる男性の自尊心をくすぐることも必要だと私は考えます。

## 〝段取り人間〟は仕事もデキる

デキる男性は、恋愛も仕事も同様のプロジェクトとして捉えているということは前項の通り。中でも、あれこれ自分で決めたがるいわゆる「段取り人間」は、女性とのデートのアポ取りやスケジュールの確認に際して、こんな言い方をするかもしれません。

「三日後のデートの件なんだけど、天候悪化によって夜景が綺麗に見えない可能性がある。その場合には二つの選択肢があり、一つはリスケをする。もう一つは君が行きたい店を選ぶということ。その場合、三つの提案があって――」

これはもう仕事の「提案」と変わらないですよね。「段取り人間」とお付き合いをしたことがない女性はちょっと驚くかもしれないけれど、これは仕事がデキる男性の日常の一面でもあるのです。

### 特徴1　デートがキャンセルになった時は代替案を出す

仕事がデキる男性は『アポイントが早い』の項目でも述べましたが、彼らは相手とのアポイントが流れた際、必ず別の候補日を指定してきます。これはビジネスシーンに限らず、プライベートでも同様。例えば、デートの予定日が不測の事態によってキャンセルになった場合、彼らは必ず次の候補日を指定してきます。

このケースでは候補日は一日ではありません。ピンポイントで曜日を指定されると、相手の都合が悪かった場合、断られるケースも出てくるため、「三日後の正午~夕方、あるいは五日後の6時以降でどうだろうか」といった具合に、代替案を複数出すことで外堀を埋めるのです。これでデートがなくなることはありません。

逆に、候補日を送ってこない男性や、「今度時間ができたときに会おう」というような言い方は最悪です。おそらく、そういう人は取引先に対し、「今日はキャンセルでお願いします」と連絡を入れて終わり。仕事は一向に進まないばかりか、ビジネスの相手に不信感を持たせる事態になっても何も感じない鈍感なタイプと言えるでしょう。

## 特徴2　デート当日の行動を箇条書きにして送る

仕事がデキる男性はデートのアポイントを取り付けた後、綿密な計画を練ることが多いです。中でも例えば、私がお付き合いをさせて頂いている有名企業の役員は、パーフェクトな「段取り人間」でした。会食数日前になると、当日の行動予定を次のような箇条書きにして送ってくるのです。

「件名　セリーナとのワクワクディナー」
18時　◯◯ホテル集合
18時30分　レストラン「A」の窓側の席に到着　※ここで写真撮影
20時　ディナーコースのメイン
21時　エントランスで送迎車待機　※車のナンバーは◯◯◯◯

どうでしょうか？「ここまで考えてくれて嬉しい」と思う反面、女性によっては「やりすぎじゃないの」と感じてしまうかもしれません。ただ、彼だって完璧にこれを実行に移そうなんて思っていません。相手にどんなデートをするのかイメージを湧かせながら、当日に臨んでもらいたいのです。これをビジネスに喩えると、企画書によって取引先に完成イメージをもってもらうのと同じ作業です。

常にイメージを湧かせながら当日に望むというのは、ある意味、仕事がデキる男性の特徴なのではないでしょうか。

# おじさんは狼ではない

女性の中には、「おじさんと二人きりで会ったら強引に体を求められてしまうのではないか」と考える方もいるかもしれません。もちろん女性の体目当てで近づく人もいますが、でも、はっきり言えることは、仕事がデキるおじさんは狼ではないということです。

## 女性が拒否すれば、自分を抑えることができる

まず二人きりで会うといっても、相手が指定してくる場所は大抵、レストランやバーなどのオープンな空間です。口説く側の男性にしたら、他のお客さんの目があるぶん、強引に迫ることはできません。女性は、二次会でカラオケボックスやホテルなどの人目がない（襲われる可能性がある）クローズな空間に誘われた時に断ればいいのです。

次に、お酒などが入っていて、思考能力が薄れている時に流れでホテルなどに入ってしまった場合でも、女性が拒否すれば、おじさんたちは自分を抑えることができます。強引にお酒を飲ま

せてタクシーに押し込んでくる若者のほうがよっぽど危険です。

それに、おじさんに限って、女性をその日のうちに落とそうとは思っておらず、余裕を持って接してくるものです。女性側が自分に対して興味を抱いていないとわかれば、しつこくしないだけの分別もあります。「会ったら襲われちゃう」と思うのは、女性側の自意識過剰というものです。

## なぜおじさんは自分を抑えられるのか

何度も言いますが、彼らはこと恋愛に関しては自分に自信がないタイプです。彼らが女性のことを口説きたいと思っても「断られたらどうしよう」ということが脳裏をかすめ、一瞬歩みを止めるのです。中でも、出世街道を歩んできた仕事がデキるおじさんは、若い頃の恋愛経験に乏しいぶん、そこを強引に突破する術を持っていることは少ないのです。

並んで彼らは、自分に自信がない反面、「若者よりは人生経験が豊富だ」というプライドを持っています。まるで自分の子供のような年齢の女性が嫌がっているのに、大人である自分があきらめることができないのは、醜態をさらすようなもの。そのプライドの高さが当たって砕けろの精神を排除しているのでしょう。

また、優秀な男性は、長い年月をかけて努力して得た「○○社の○○さん」という肩書を併せ持っているため、後先考えずに狼にはなれないのです。強引に迫ったはいいものの、後から女性にセクハラだレイプだと訴えられたら、これまで築き上げてきた全てを失いかねません。彼らの“恋愛プロジェクト”は、仕事同様、失敗が許されないのです。

## ホテルの部屋に入ると、バスローブを着たAさんが

では、私が銀座時代に危険な目に遭ったことがないかというと、そうではありません。銀座デビューして間もない頃、こんなことがありました。

当時、不動産会社をいくつも経営するAさんというお客様がおり、私は彼のテーブルに付くことがよくありました。Aさんは話題も豊富で、女性にも優しく、悪い印象はありませんでした。ちなみに彼は、バブルの残り香が漂う今は亡き赤坂プリンスホテル（現・紀尾井町プリンス）に住んでいました。

そんなある日、Aさんは私にこんなことを言ってきたのです。

「君は田舎から出てきたばかりで、ルームサービスとか食べたことがないと思うからアフターで部屋に来なさいよ」

私は迷いました。Aさんの言葉を鵜呑みにして、もし襲われそうにでもなったら…。判断しかねる私はひとまずAさんに対する返事を保留し、ママに「指定された場所がホテルで」と相談したところ、ママは私にこうアドバイスしたのです。

あおむし

「1分も行かないのは大切なお客様であるAさんに申し訳ないわね。とりあえず行くだけ行ってみて、うまく断って帰ってきたら？　危険な目に遭ったら私に連絡してきてください」

仕方なく私はホテルに行き、部屋に入ると、そこにはバスローブ姿のAさんがいました。

（あ、やっぱりそういうことだよね……）と思って身構えていたら、案の定、私はAさんに抱きつかれたのです。こうなったら…。

私は腹をくくり、笑顔で丁寧に説明しました。

「私は、男女の関係って良い意味でも悪い意味でも特別だと思うんです。今日Aさんとそういう仲になってしまったら男女としての付き合いが始まるかもしれない。でも、3年も経てば燃え上がるような恋をする気持ちは収まります。そのあと愛が生まれなければ、Aさんとの人間関係が3年で終わってしまうことになる。それなら私は、そういう関係にならずにAさんとずっと平行線で付き合っていきたいんです」

それは当時20歳だった私の正直な気持ちでした。そう、私はAさんという一人の男性を決して嫌ってはいなかったのです。できれば、長く関わっていたい。それを聞いてAさんは落ち着き、私は事なきを得ました。

## 教訓1　誘いを断ったお客様も自分のファンにする

あのとき、ママは私に「とりあえず行くだけ行ってみて」とアドバイスをしましたが、いま考えてみると「一度関係を断った相手とも良い関係を続けるために、一度は部屋に行って誠意を見せてきなさい」というメッセージだったのではないかと思っています。誘いを断ったお客様を自分のファンにし、その後もお店に来てもらえたら、ホステスとして一人前だからです。

これはビジネスにおいても似ています。女性として会社を経営していく以上、誰かが私のことを気に入り、口説かれるような場合、相手の申し出を断ったとしても、その関係は継続し、ビジネスを行わなければならないからです。本書の主な読者である若い女性会社員と取引先の男性の関係にも、同じことが言えます。

## 教訓2　苦手な相手でも極力、会ってみる

ビジネスの場合、客商売をしている限り、知り合いは多いに越したことはありません。知り合いが多いということは、困ったときに相談相手が多いということだからです。仮に相手が取引先の女性に手を出すような方であったとしても、相手と肉体関係を結ぶことなく、自分の味方にすることができれば問題はないのです。

そのため私は苦手だなと感じるクライアントからの呼び出しに対しても「ゼロ回答」をしないように心掛けています。極力、お会いする。その後、ビジネスのお付き合いをするかしないかはともかく、一度は飛び込んでみないと何も生まれませんからね。

### Aさんとのその後

当時の赤坂プリンスでのエピソードから10年以上。私はAさんとはいまだに付き合いがあり、彼の紹介で知り合った方々とも仕事をさせていただいています。もしあの時、彼と寝ていたら、この関係は生まれなかったはず。当時、私が彼の誘いを断ったのは正解だったのだとつくづく思います。

## おじさんは「バカなふり」をできる生き物である

ホステス時代のお客様や起業後の取引先の方々に、銀座のクラブや西麻布のラウンジなどに連れて行ってもらう機会があります。芸能人やモデルを目指している多くの若い女性たちも在籍す

る中、彼女たちからこんな相談を持ちかけられることがあります

「お金持ってて使える社長とかっていませんかねぇ。お金持ち、いたら紹介してくださいよー。だって、芸能の仕事は売れるまでお金なんてもらえないんですよ」

つまり、使えるお金持ちの男性を手懐《てなず》けて、金づるにしようというわけです。私の経験上、仕事がデキるおじさんはそのような企みを一瞬で見抜きます。当然、そういった女性は一切相手にしません。

## 酒の席のバカは仮の姿

おじさんは優しい一方で、ビジネスの戦いで身につけた厳しさを持った二面性のある生き物なのです。あなたのまわりにも、女の子に乗せられてカラオケでどんちゃん騒ぎをしている男性がいますよね。あれは単にバカなのではなく、バカなふりをしているだけ。酒席のバカは仮の姿で、本当は女性たちの手のひらで転がされている自分自身がおかしくてそれを演じているに過ぎないのです。

ところが、若い女の子はその事に気付きません。表面上の姿だけを見て、「アホなおっさん」「ダマされやすそう」などと勝手な評価を下します。彼らにしてみたら、ダマされている若い女性の方がよっぽど頭が悪いという話です。このあたりをはき違えたままだと、おじさんはあなた

の味方になってくれないので、注意してください。

## 打算的に接していると、関係を切られることも

仕事がデキるおじさん達には、必ず人を見抜く力が備わっています。彼らは社会的地位が高くなるにつれ、裏切られたり、蹴落とされたり、苦い経験を積みながら、人を見抜く目を養ってきたはずです。前述したように「お金持ち、いたら紹介してくださいよー」という女性の魂胆などは、簡単に見透かされてしまいます。

例えば、ある会社の上司が一人の若い女性を気に入っていたとしましょう。そこにはほのかな恋心もあります。事実、プライベートでお酒に誘ったりしていましたが、彼女の方が彼の気持ちを逆手に取り、都合よく利用しようと考えます。何かにつけ、ブランド品や高い食事をおねだりするようになったのです。男性はどうするか。

この場合、彼らは「このままこの子と関係を続けるか、続けないか」の二つの選択肢を考え、関係を断ち切ったほうのメリットがあると考えれば、一瞬でその子との関係を断ち切るでしょう。男性があなたを気に入っているからといって、あまり打算的に接していると、ある日、スパッと切られてしまいます。要注意！

## おじさんの恋愛は〝ロミオとジュリエットごっこ〟

さらに言えば、彼らは恋愛でもバカなふりをできる生き物です。恋は半分が本気、半分が自己陶酔型の演技と言っても良いかもしれません。バカを演じることで〝ロミオとジュリエットごっこ〟を楽しんでいるに過ぎないのです。

例えば、20歳以上歳の離れた彼女に下手に出てご機嫌を取る男性がいたとします。まして彼に家庭があったとしたら、自分に負い目があるぶん、ことさら女性に優しくなるかもしれません。そして障害があればあるほど燃えるのは恋の基本。気がつけば彼女も彼に燃えるような愛情を注いでいるかもしれません。

でも、彼はきっと心のどこかで「この子は俺の庭で遊んでいる可愛い子だ」と思っているに違いありません。女性が自分を好きでいてくれる関係性を保つために演出をしているに過ぎないのです。それは彼らにとって仕事と同じですね。目的完遂のために低姿勢になっているだけなのです。「おじさんを舐めるべからず」ということです。

# おわりに

本書では、私の銀座ホステス時代と起業後の経験を元に、おじさんの力を借りて、ビジネスウーマンとして、女性としてステップアップする方法を書きつづってきました。けれど、それだけが全てとは思っていません。

私の親友の女性は、男性の力を借りず、自分で立ち上げた事業を成功させ、納税額ランキング女性第一位になりました。

彼女は、経済的にも精神的にも自立していることは「自由」だと言います。そして自立の第一歩は、女性として仕事に向き合うこと――。私も同じように思いますし、これはどんなビジネスウーマンにも共通する事柄でしょう。

要は、どのような方法でステップアップするにせよ、まずは自立した女性でいることを忘れてはならないのです。

最近、雑誌やテレビ、ネットなどで「パパ活」という言葉をよく目にするようになりました。

おじさん

若い独身の女性がパパ（パトロン）を見つける活動のことで、彼女たちは年上のおじさんと食事に行き、その都度、2～3万円のお小遣いをもらったり、時には高額なプレゼントをもらったりするそうです。

また、「ギャラ飲み」という言葉もあるそうで、若い女性が2時間ほどの飲み会に参加する対価として1～2万円のお小遣いを受け取る仕組みで、専門の「ギャラ飲みサイト」もあるようです。こちらも、主におじさんたちが若い女性と飲む時に利用しているのは言うまでもありません。

私は心底「もったいないなぁ」と思ってしまいます。基本的に、パパ活女子やギャラ飲み女子は、年上の男性と飲みに行くと、最後は約束のギャラをもらうだけ。そんな関係を続けたところで、長い人生を考えると大きな損をしているのではないでしょうか。

本書でも記したように、私もおじさんとよく食事に行きます。相手にごちそうになることも多いですが、その場で得られるものは、パパ活女子の比ではありません。彼らは目先のお金以上の人生経験を私にもたらしてくれるのです。

そのため、私は食事中、彼らの言葉を聞き逃すまいと心の扉を開け放つようにしています。仕事に対する考え方から企画力、おじさん特有のコネクションまで。仕事がデキるおじさんにはギャラを払ってでも会いに行きたいほどです。

それは、おじさんとの食事の時間が10年先、20年先に私の人生の糧になると信じているからです。

仕事がデキるおじさんとは、どのような存在なのか。どのように付き合っていくべきか。本書でまとめたのは、その道しるべです。この本を手にとってくれた皆さんの中には、年上の男性との付き合い方に苦手意識を持つ方もいるでしょうが、彼らの本音を知ったら、もっと積極的に付き合ってみようと思うのではないでしょうか。

皆さんが本書を読むことでおじさんの生態を知り、明日から彼らと円滑なコミュニケーションが取れるようになれば、これほど嬉しいことはありません。

本書でも繰り返し述べましたが、「仕事がデキる男性は、女性扱いが非常に上手い」ものです。若い女性の懐にスーっと入り、安心感を与え、気づいたら虜にしてしまう男性も珍しくありません。

結局、ビジネスだって恋愛だって、人と人から生まれるもの。多くの経験を積んだ仕事がデキる男性は、女性でも男性でも変わりなく人間力を発揮できるのです。本書によってそれを知ったあなたは今後、おじさんとの出会いは効率的に、情熱的に発展していくのではないでしょうか。

私は声を大にして言います。私は仕事がデキるおじさんが大好きです！

最後に、未熟な私をここまで育ててくださった、今まで出会ったすべてのおじさんに感謝の意を捧げます。

２０１８年６月　鈴木セリーナ

# 元銀座No.1ホステスが教える おじさん取扱説明書

2018年7月21日　第1刷発行

著者　鈴木セリーナ
発行人　稲村　貴
編集人　平林和史
発行所　株式会社　鉄人社
〒102-0074 東京都千代田区九段南3-4-5
フタバ九段ビル4F
TEL 03-5214-5971　FAX 03-5214-5972
http://tetsujinsya.co.jp/

装画　鈴木セリーナ
デザイン　鈴木　恵（細工場）
印刷・製本　株式会社シナノ

ISBN978-4-86537-136-9　C0095